Christa Lung

Der perfekte Rasen

Richtig anlegen und pflegen

Zweite Auflage
81 Farbfotos

Ulmer

D1745861

Inhalt

Vorwort 4

Rasenflächen neu anlegen 5
Standortgegebenheiten prüfen 5
Flächen aufteilen 10
Flächen für die Aussaat
vorbereiten 13
Aussaat 21
Fertigrasen verlegen 32
Blumenwiesen anlegen 36
Unebenheiten ausgleichen 39

Rasenpflege 41
Mähen 41
Bewässern 51
Düngen 59
Vertikutieren 65
Aerifizieren 67
Allgemeine Pflegehinweise 69

Rasenprobleme erkennen und beseitigen 70
Pilzerkrankungen 70
Tierische Schädlinge 82
Unerwünschte Pflanzen im Rasen 91
Allgemeines zur Entfernung von
Schadstellen 107

Wichtiges zum Pflanzenschutz 108
Integrierter Pflanzenschutz 108
Chemischer Pflanzenschutz 110
Pflanzenstärkungsmittel 114
Pflege durch das Rasenjahr 118

Bezugsquellen 121
Bildquellen, Impressum 124
Register 125

Inhalt

Vorwort

Für viele Hausbesitzer und Hobbygärtner stellen der Hausrasen und seine Pflege eine besondere Herausforderung dar. Jede Rasenfläche, gleichgültig, wie klein sie auch sein mag, wirkt sich wohltuend auf Auge und Seele aus. Umso wichtiger ist es daher, dass sie sich in einem Zustand befindet, der die Erwartungen des Gärtners erfüllt. Wenn frischgebackene Gartenbesitzer über ihr brach liegendes und verunkrautetes Stück Land blicken, das sie mit viel Enthusiasmus zu neuem Leben erwecken wollen, haben sie oft die Bilder von teppichartigen Grünflächen in wunderschön gestalteten Parklandschaften vor Augen. Doch hohe Rasenqualitäten erfordern enormen Pflegeaufwand sowie profihaftes Können und Knowhow.

Die Wurzeln der Gräser verankern sich im Boden und schützen ihn so vor Erosion, die vor allem in Hanglagen sehr verhängnisvoll sein kann. Durch den Bewuchs wird auch die Auswaschung von Nährstoffen aus dem Boden verhindert, die sonst ungenutzt früher oder später dem Grundwasser zugeführt würden. Rasenflächen regulieren durch die Verdunstung von Bodenwasser und Tau die Temperatur und erhöhen im Sommer die Luftfeuchtigkeit. Sie sehen also: In jeder Grünfläche steckt mehr, als man auf den ersten Blick sieht. Bevor Sie einen Rasen anlegen oder umstrukturieren, sollten Sie sich im Vorfeld ganz genau überlegen, welchem Zweck er dienen soll. Wünschen Sie sich einen Zierrasen, möglichst ebenmäßig in der Farbgestaltung und ohne Fremdbesatz? Oder einen strapazierfähigen Gebrauchsrasen für eine intensive Nutzung? Gleichgültig, wie Ihre Antwort ausfällt, vergessen Sie bei Ihrer Wunschvorstellung bitte nicht: Rasen besteht aus lebenden Pflanzen, die nur innerhalb eines Ökosystems gemeinsam mit anderen Organismen existieren können, die unserem Auge meist verborgen bleiben. Nur wenn deren Lebensgrundlagen erfüllt sind, können Sie sich an einem schönen, gesunden Rasen erfreuen.

Leider werden manchmal die Erwartungen des Rasenbesitzers enttäuscht und es stellen sich die verschiedensten Probleme ein. Manche gleich zu Beginn einer Neuansaat, die einfach nicht recht aufgehen möchte, andere treten erst im Laufe der Zeit auf.

Dieses Buch soll all jenen helfen, die einen Rasen neu anlegen bzw. umgestalten möchten oder Rasenprobleme verschiedenster Art lösen wollen. Es weist auf Fehler hin, die sich bereits in der Planungsphase einschleichen können und schlägt Maßnahmen vor, mit denen Sie bestehende Schäden in den Griff bekommen können.

Christa Lung, im Frühjahr 2005

Rasenflächen neu anlegen

Die Möglichkeiten, einen Hausrasen zu gestalten, sind sehr vielfältig und letzten Endes ist die individuelle Nutzung des jeweiligen Rasens für die Art der Anlage entscheidend. Die Bezeichnung „Hausrasen" ist nur ein Überbegriff, dem sich die verschiedenen Rasenarten Zierrasen, Gebrauchsrasen, Spielrasen, Sportrasen und Schattenrasen unterordnen lassen. Gleichgültig, ob Ihre Rasenfläche eine zentrale Rolle in der Gartenanlage spielen, eine Funktionsfläche darstellen oder als Lückenfüller zwischen weiträumigen Beeten oder Baumbeständen dienen soll – klären Sie im Vorfeld einige Fragen, deren Antworten für die weiteren Planungen Ihrer Grünfläche entscheidend sind.

Fragen, die Sie sich bei der Konzeption einer Rasenfläche beantworten sollten:
– Welchen Zweck soll mein Rasen erfüllen?
– Welche Vorstellungen habe ich von seinem späteren Aussehen?
– Wie hoch darf der Pflegeaufwand sein, den ich auf Dauer betreiben möchte?

Standortgegebenheiten prüfen

Im nächsten Schritt sollten Sie die Standortgegebenheiten des Grundstückes prüfen, um herauszufinden, inwieweit sich das Gelände für die Anlage einer Rasenfläche eignet und welche Vorkehrungen Sie gegebenenfalls vor einer Neuanlage treffen müssen.

Licht und Schatten

Für viele Gartenbesitzer gehören Bäume und Sträucher einfach zu einem schönen Garten – sei es als Schattenspender für sonnige Nachmittage im Liegestuhl, sei es zur Begrenzung des Grundstückes oder als Lieferanten von Obst aus eigener Ernte. Darum werden Bäume und Sträucher häufig in die Rasenflächen oder deren Randbereiche gepflanzt. Doch die eingeschränkte **Sonneneinstrahlung** ruft auf der Grünfläche unter Umständen langfristig Probleme hervor. Rasengräser sind nämlich ausgesprochene Sonnenliebhaber und nehmen es übel, wenn sie andauernd beschattet werden. Im Laufe der Zeit siedelt sich Moos an und die Grasnarbe wird lückenhaft. Meist kommt es noch zum Ausbruch von Krankheiten, vor allem Pilze können dem Rasen schwer zusetzen. Im Handel sind zwar spezielle Grasmischungen für Schattenrasen erhältlich, aber auch diese benötigen

Rasenflächen neu anlegen

eine Lichtausbeute von mindestens 60 %, um gesund gedeihen zu können.

Bevor Sie jetzt allerdings anfangen, schöne Bäume und Sträucher zu roden, sollten Sie zunächst den Verlauf der Sonneneinstrahlung verfolgen. Wenn Ihre Rasenfläche in den Morgenstunden Sonne bekommt und ab Mittag beschattet wird, kann dies für ein gutes Gedeihen der Rasenpflanzen durchaus genügen. Grüne Pflanzen erbringen nämlich vor allem während der warmen Jahreszeit einen Großteil ihrer Photosyntheseleistung während der Vormittagsstunden. Wenn Sie Ihre künftige Rasenfläche hinsichtlich der Lichtverhältnisse beurteilen, sollten Sie auch den unterschiedlichen Sonnenstand der Jahreszeiten berücksichtigen. Schon ab Mitte September lässt die tiefer stehende Sonne hohe Bäume und Sträucher längere Schatten werfen als im Hochsommer. Je mehr Schattenspender auf der Fläche vorhanden sind oder sie umgeben, umso geringer ist die durchschnittliche Sonneneinstrahlung im Jahr.

Hangneigung

Hanglagen wirken sich in verschiedener Hinsicht erschwerend auf die Rasengestaltung aus. Durch das Gefälle können je nach Neigungswinkel alle Maßnahmen von der Anlage bis zur Pflege der Rasenfläche zum Kraftakt werden. Wenn Sie den Rasen maschinell pflegen möchten, sollte eine Hangneigung von maximal 20 % nicht überschritten werden: Viele Geräte kommen bei zu starkem Gefälle unweigerlich ins Rutschen, vor allem, wenn der Untergrund feucht ist. Dann stellen sie ein hohes Unfallrisiko dar! Informieren Sie sich vor dem Kauf, welches Gerät laut Herstellerangabe für Ihre spezielle Hangneigung geeignet ist. Dies betrifft alle motorbetriebenen Gartengeräte wie Mulchmäher, Motorfräse oder Rasenmäher. Ihre Eignung für ansteigendes Gelände hängt in hohem Maße von ihrem Gewicht ab und kann somit sehr unterschiedlich ausfallen. Natürlich lassen sich alle elektro- und benzinbetriebenen Geräte auch durch manuelle Pflegegeräte wie Sense oder Handvertikutierer ersetzen. Bedenken Sie aber, dass dies auf Dauer gesehen vor allem auf größeren Flächen einen nicht unerheblichen Mehraufwand an Zeit und auch an körperlichem Einsatz erfordert.

Auf einer geneigten Fläche kann sich auch die Aussaat von Rasensa-

> **Für ausreichend Sonnenlicht sorgen**
> Üppige und dichte Gewächse werfen viel Schatten und erschweren die Rasenpflege. Möchten Sie trotzdem nicht auf Bäume und Sträucher verzichten, achten Sie bei der Pflanzung auf ausreichend weite Abstände. Direkt unter den Bäumen bietet sich eine Bepflanzung mit Efeu oder Immergrün an.
> Wenn Sie bestehenden Bewuchs roden oder ausdünnen, tun Sie dies in der kalten Jahreszeit. Dies schont die Pflanzen und schützt eventuell brütende Vögel. Achtung: Häufig stehen auch auf Privatbesitz sehr alte Bäume unter Naturschutz, das macht eine Genehmigung erforderlich!

Standortgegebenheiten prüfen

Oben: Ein Gartensitzpatz mit gepflegter Rasenfläche, ein Ort der Ruhe und Erholung.

Unten: Alternativbepflanzung für stark beschattete Flächen, hier mit Funkien (Hosta).

Rasenflächen neu anlegen

> **Blumenwiesen an Hängen**
> Steile Hanglagen sind ein idealer Standort für Blumenwiesen, da sie nur zweimal pro Saison gemäht werden müssen. Alternativ dazu bieten sich auf kleineren Steilhängen auch niedrig wachsende, blühende Bodendecker an, die wenig Pflege benötigen.

men als ungünstig erweisen. Keimende und junge Rasenpflanzen besitzen noch kein ausgeprägtes Wurzelwerk, um Bodenerosionen durch abfließendes Regenwasser standhalten zu können. Sie werden an den Fuß des Hanges gespült und die erodierten Flächen müssen nochmals neu besät werden. Daher empfiehlt es sich, an Hanglagen auf **Rollrasen** zurückzugreifen (siehe Seite 32ff.). Er bietet bei starken Regenfällen einen besseren Widerstand und kommt bei sachgerechter Verlegung nur selten ins Rutschen. Außerdem kann er selbst in diesem Fall schnell wieder an Ort und Stelle fixiert werden. Rollrasen, der nicht gerade im Spätherbst oder bei größter Hitze ausgelegt wird, erreicht durch sein rasch einsetzendes Wurzelwachstum schnell einen guten Bodenschluss und hat sich nach 14 Tagen sicher verankert.

Der Boden

Ein qualitativ hochwertiger Boden ist die beste Voraussetzung für eine gesunde Grünfläche. Meistens aber sind die vorliegenden Verhältnisse für einen Laien nicht leicht zu beurteilen.

Im Allgemeinen ist leider davon auszugehen, dass der Boden durch die vorherige Nutzung Mängel verschiedener Art aufweist, die eine spätere erfolgreiche Bepflanzung negativ beeinflussen können. Daher ist es ratsam, Aufschluss über die Art und Qualität des vorhandenen Bodens zu bekommen, ehe Sie sich an die Arbeit der Neuanlage machen.

Bodenqualität prüfen
Die **physikalischen Eigenschaften** eines Bodens können Sie selbst prüfen, indem Sie ihn mit den Fingern seine Konsistenz testen. Dabei können Sie den Boden nach den folgenden Kriterien beurteilen und einordnen:
Lehmiger Sand mit ausreichendem Humusgehalt: Er enthält gut sicht- und fühlbare Einzelkörner sowie reichlich Feinsubstanz und ist nicht formbar. Er ist trittfest und kann Wasser und Nährstoffe halten. Somit eignet er sich bestens als Untergrund für eine Rasenfläche.
Sandiger Lehm: Hier sind nur wenige Einzelkörner sicht- und fühlbar. Sandiger Lehm enthält viel Feinsubstanz und ist formbar. Je nach Sandgehalt ist das Speichervermögen für Wasser und Nährstoffe eingeschränkt oder gering, so dass ausreichend gewässert und regelmäßig gedüngt werden muss. Die beschriebenen Faktoren machen ihn zwar nicht zu einem idealen Untergrund für eine Rasenfläche, sandiger Lehm kann aber durch entsprechende Pflegemaßnahmen in seiner Qualität verbessert werden.
Toniger Lehm: Er besteht aus sehr viel Feinsubstanz, in der kaum Einzelkörner vorhanden sind, ist gut formbar

Standortgegebenheiten prüfen

und reißt nicht ab. Toniger Lehm eignet sich nur bedingt für einen Rasen, da er dazu neigt, Staunässe zu bilden und es dadurch zu einer erhöhten Moosbildung kommen kann. Trocknet er aus, bilden sich Risse und er wird hart.

Ton: Hier sind keine Einzelkörner vorhanden und er ist sehr gut formbar, wobei die Reibflächen glänzen. Tonböden sind so genannte „schwere Böden", die zwar viel Wasser aufnehmen können, aber schlecht durchlüftet sind. Bei Niederschlägen kann Ton schlammig werden, bei Trockenheit wird er hart und rissig. Er lässt sich nur schwer bearbeiten. Reiner Tonboden ist ein problematischer Untergrund für eine Rasenfläche.

Humusboden: Er zeichnet sich vor allem durch seine dunkle Farbe aus. Er ist in der Lage, viel Wasser aufzunehmen, ist aber schlecht durchlüftet und versauert schnell. Außerdem ist er weich und nicht trittfest. Auch dieser Boden ist für Rasenflächen nur bedingt geeignet.

Bei Böden mit hohem Sandanteil empfiehlt es sich, zum Ausgleich lehmhaltigen Mutterboden einzuarbeiten, um die Zusammensetzung des Bodens auszugleichen. Im Gegenzug können lehmige Böden durch sandhaltigen Mutterboden und die Zugabe eines geringen Anteils Humus verbessert werden. In den Folgejahren muss stark lehmhaltige Erde in regelmäßigen Abständen besandet werden, mindestens einmal im Jahr und am besten in Verbindung mit Durchlüftungsmaßnahmen (siehe Seite 67f.).

Die **chemischen Eigenschaften** des Bodens können Sie nicht selbst be-

Bodenarten; links: Boden mit hohem Tongehalt, rechts: lehmiger Boden mit ausreichendem Humusanteil.

stimmen, da sie sich nicht wie die physikalischen optisch und taktil erfassen lassen. Deshalb sollten Sie eine Bodenprobe zur Untersuchung an ein Labor geben, wie sie zum Beispiel an naturwissenschaftlichen Universitäten, aber auch als niedergelassene Institute zu finden sind. Dort wird zunächst der **pH-Wert** bestimmt, der den Säure-/Basengehalt im Boden angibt und der mit Zahlenwerten zwischen 1 und 14 charakterisiert ist. Für Rasen liegt der optimale Wert zwischen 6 und 7. Je stärker die Abweichungen von diesem Bereich sind, umso ungünstiger sind die Wachstumsbedingungen für die Rasenpflanzen und umso größer die nachfolgenden Probleme. Niedrige pH-Werte lassen sich durch eine vorsichtige Gabe von Kalk steigern, erhöhte Werte durch so genannte saure Dünger senken. Neben der pH-Wert-Bestimmung ist es empfehlenswert, eine Nährstoffanalyse vornehmen zu lassen, die Aufschluss über die Konzentration der wichtigsten **Nährstoffe** im Boden gibt. Sollten sich Mängel zeigen, können Sie diese durch eine gezielte Düngung ausgleichen. Die Laboranalyse ist natürlich mit einem gewissen Kostenaufwand verbunden, den man vorab vergleichend erfragen sollte. Sie kann aber bei einer aufwändigen Neuanlage oder bei der Umgestaltung einer Altfläche nur dringend empfohlen werden. Vor allem für die drei Hauptnährstoffe Stickstoff, Phosphor und Kalium, die in einem Verhältnis von 3:1:2,5 vorliegen sollten. Daneben können Sie natürlich auch weitere Werte wie Eisen, Kalium, Magnesium und Spurenelemente untersuchen lassen. Fehlende Kenntnisse über die Nährstoffzusammensetzung im Boden rächen sich oft bitter, da sie früher oder später zu weitreichenden Rasenschäden führen können. Oft wird ziellos mit verschiedenen Düngern und Geheimtipps herumexperimentiert, meist führt das zu Frustration über die erfolglosen Bemühungen.

Auch ein funktionierender Rasen ist keine Garantie dafür, dass die vorliegenden Nährstoffverhältnisse dauerhaft ausgeglichen bleiben und zukünftig keine Verschiebung oder Unterversorgung mehr auftritt. Daher sollten Sie auch ohne sichtbare Hinweise auf Fehlversorgungen alle vier bis fünf Jahre eine Bodenuntersuchung durchführen und zumindest den Gehalt der Hauptnährstoffe untersuchen lassen.

Flächen aufteilen

Wenn Sie Rasenflächen neu anlegen möchten, spielen nicht nur die Standortgegebenheiten wie Sonneneinstrahlung, Hangneigung und Bodenverhältnisse eine Rolle – auch die Aufteilung der zur Verfügung stehenden Fläche will wohl überlegt sein. Sollen Blumen- und Gemüsebeete, Teiche oder Wege in die Rasenfläche integriert werden? Wie muss die Fläche mit Wasser und Strom versorgt sein, um eine optimale Pflege zu gewährleisten? Der vorgesehene Zweck der Rasenfläche ist entscheidend für den benötigten Flächenanteil am Gesamtgrundstück. Bedenken Sie, dass Größe und Nutzen der Grünfläche sowie zusätzliche Einrichtungen den künftigen Pflegeaufwand maßgeblich beeinflussen.

Blumen- und Gemüsebeete

Bei der Aufteilung der Rasen- und Nutzflächen können Sie Ihrer Fantasie freien Lauf lassen. Dabei sollten Sie aber beachten, dass zusammenhängende Flächen wesentlich einfacher zu handhaben sind als kleine Streifen oder Stücke. Grünflächen, die an Blumen- und Gemüsebeete angrenzen,

Großzügige Staudenbeete, die die Rasenpflege nicht erschweren.

Flächen aufteilen

Beete – Weg – Rasen: eine gelungene Kombination.

Dekorative Trittsteine durch den Rasen anstelle eines Trampelpfades.

sollten Sie mit 1–2 % Gefälle anlegen. Dadurch wird den Beeten überschüssiges Wasser zugeführt und Staunässe im Rasen vermieden.

Gartenwege

Gartenwege führen nicht selten durch den Rasen. Wo sie sinnvoll anzulegen sind und welche Materialien verwendet werden können, sollten Sie in Abhängigkeit von ihrer späteren Nutzung entscheiden. Wege sollten auf jeden Fall etwas unter dem Niveau des Rasens liegen, damit sie später beim Rasenmähen keine Hindernisse darstellen. Aus demselben Grund sollten auch zu viele und zu scharfe Kurven vermieden werden – auch sie verursachen einen erhöhten Pflegeaufwand.

Auch wenn Sie davon ausgehen, dass der Gartenweg nur spärlich frequentiert wird, ist von der Anlage eines Trampelpfades abzuraten – abgesehen davon, dass er optisch wenig ansprechend ist, sind auch die Tritteigenschaften vergleichsweise schlecht. Für die Gestaltung von Gartenwegen bietet der Handel vielfältige, strapazierfähige und unauffällige Lösungen, die sehr variabel einsetzbar sind und Raum für gestalterische Freiheiten lassen.

Wasserflächen

Ein Teich ist für viele Gartenbesitzer ein unverzichtbarer Bestandteil des Gartens. Wie für die Anlage der Beete und Gartenwege gilt, dass Wasserflächen

Die Teichanlage wird vor der Rasenfläche fertig gestellt.

auf der Rasenfläche nicht allzu verwinkelt angeordnet werden sollten. Grünflächen, die bis zu einem Gewässer reichen, müssen an den Rändern meist manuell geschnitten werden, da es vor allem bei elektrischen und benzinbetriebenen Mähern schon einiger Geschicklichkeit bedarf, sauber bis an die Kanten zu schneiden. Achten Sie bei der Mäherführung darauf, dass das Schnittgut nicht in den Teich, sondern auf die Rasenfläche geworfen wird.

Auch bei der Konzeption von Wasserflächen müssen Sie Hanglagen berücksichtigen. Denken Sie bei steilem Gelände an die Konstruktion eines Überlaufs, um bei starken Niederschlägen die Überschwemmung des umliegenden Geländes zu vermeiden. Ein Abrutschen der gesamten Wasserfläche können Sie verhindern, indem der Untergrund möglichst begradigt wird, so dass das Gewicht des Wassers gleichmäßig auf einer ebenen Fläche verteilt ist. Genauso wichtig ist es, das Gelände oberhalb des Teiches vor dem Abrutschen zu sichern. Die Wurzelmasse junger Rasenansaaten ist noch nicht tiefreichend und genügend verzahnt, um eine Bodenerosion bei starken Regenfällen verhindern zu können. Deshalb kommen kleine Stützmauern in Betracht, die zwar nicht sehr hoch, aber solide gebaut sein sollten, um einem gewissen Erddruck standhalten zu können.

Funktionsflächen

Oft werden Teile des Grundstückes als Funktionsflächen genutzt, beispielsweise als Abstellplatz für das Auto oder die Wäschespinne oder als Spielplatz mit Schaukel und Rutsche. Auch Plätze für Gartenhäuschen, Kompost und Mülltonnen müssen eingeplant werden, ebenso die dafür notwendigen Wege. Für Funktionsflächen solcher Art gibt es begrünbare Gitterstrukturen aus unterschiedlichen Materialien, wenn Sie auf asphaltierten Untergrund verzichten möchten. Ist genügend Platz vorhanden, können Sie reine Funktionsflächen optisch unauffällig mit Bepflanzungen kaschieren. Hier gibt es eine Vielzahl blühender Sträucher, die auch nüchterne Winkel ansprechend gestalten. Wollen Sie die Wäschespinne auf dem Rasen platzieren, müssen Sie unbedingt darauf achten, dass die Verankerung tief genug in den Boden eingelassen wird, damit sie bei Pflegemaßnahmen nicht stört.

Mit Strapazierrasen bewachsene Gittersteine als Park- oder Stellplatz.

Wasser- und Stromversorgung

Gerade bei Neubauten mit Gartengrundstück ist die Anordnung von außen liegenden Wasser- und Stromanschlüssen ein wichtiger Planungsaspekt. Sie sollten so angebracht werden, dass die Beete und Rasenflächen bei einer entsprechenden Grundstücksgröße ohne Hilfskonstruktionen und Dauerprovisorien bequem für elektrische Geräte bzw. Bewässerungsvorrichtungen erreichbar sind. Beachten Sie hierbei das Prinzip der kurzen Wege – dies setzt eine ausreichende Anzahl an Außenanschlüssen voraus. Sollten Sie sich für eine Bewässerung mit Versenkregnern entscheiden, sind größere Installationen im Boden nötig (siehe Seite 56). Wichtig ist darüber hinaus der Aspekt der Außenbeleuchtung. Auch hier müssen Sie entsprechend der jeweiligen Gegebenheiten entscheiden, ob Außenschalter nötig sind oder Bewegungsmelder mit automatischer, zeitlich begrenzter Beleuchtung ausreichen.

Kompromisse schließen
Oft liegen die individuellen Vorstellungen des Planers weit entfernt von dem, was unter den gegebenen Bedingungen machbar ist. Dann ist es auf jeden Fall sinnvoller, flexibel und kreativ zu reagieren, als Probleme in Kauf zu nehmen, die später nicht nur ärgerlich, sondern meist auch nur aufwändig zu beheben sind.

Flächen für die Aussaat vorbereiten

Bevor Sie mit der Vorbereitung einer Fläche für die Rasensaat beginnen, sollten Sie alle Arbeiten abgeschlossen haben, die eine junge Grünfläche durch mechanische Belastungen stark beeinträchtigen würden. Dazu gehö-

Rasenflächen neu anlegen

ren alle Maßnahmen zur Verbesserung der Standortgegebenheiten, die Anlage der vorgesehenen Wege, Beete und anderer Einrichtungen sowie die Installation von Wasser- und Stromleitungen. Auch Arbeiten an einem Neubau, wie Anstreichen oder Verputzen, sollten vor der Anlage des Rasens fertig gestellt sein.

Gegenstände beseitigen

Entfernen Sie sämtliche Gegenstände wie große Steine, Scherben oder Holzstücke aus dem Boden. Gerade nach dem Hausbau findet sich auf dem Grundstück so Einiges! Um hier wirklich gründlich genug arbeiten zu können und später nicht immer wieder auf unerwünschte Relikte zu stoßen, sollte der Boden umgegraben werden. Dadurch treten auch die unterirdischen Gegenstände zutage. Diese Arbeit kann durch eine Motorfräse sehr erleichtert werden. Die private Anschaffung eines solchen Gerätes lohnt sich zwar nicht, es kann aber in vielen Baumärkten ausgeliehen werden. Empfehlenswert ist der Einsatz der Motorfräse vor allem auf großen, zusammenhängenden Arealen. Auf kleinen und verwinkelten Flächen muss von Hand gegraben werden, ein arbeitsintensiver Vorgang, der sich aber lohnt. Beim Umgraben können Sie auch die eventuell erforderlichen Bodenverbesserungsmittel einarbeiten (siehe Seite 16ff.).

Lockern und lüften

Bodenverdichtungen sind die Ursache vieler Rasenprobleme. Sollten Sie beim Entfernen der Gegenstände mit einer Grabegabel arbeiten, können Sie Verdichtungen bis zu einem gewissen Grad und einer gewissen Tiefe reduzieren. Wo der Boden durch Baufahrzeuge stark belastet wurde, sollten Sie zu aufwändigeren Mitteln greifen und ihn aerifizieren (siehe Seite 67f.).

Eine weitere Möglichkeit, die sich bei der Neuanlage von Rasenflächen grundsätzlich anbietet und flächigen Bodenverdichtungen zu Leibe rückt, ist die Gründüngung. Dabei werden tief wurzelnde Pflanzen wie Ölrettich oder Lupinen ausgesät, wobei zweitere den zusätzlichen Effekt einer Stickstoffanreicherung im Boden haben. Die Pflanzen können nach ihrer Vegetationszeit entweder abgeerntet oder eingearbeitet werden. Anders als die typischen mehrjährigen Rasenunkräuter überdauern sie eine Vegetations-

> **Zähes Beikraut entfernen**
> Beseitigen Sie bei diesem Arbeitsgang gleich unliebsame Unkräuter! Vor allem die unterirdischen Teile von Quecke, Wegerich oder kriechendem Hahnenfuß sollten sorgfältig entfernt werden. Selbst kleine Triebstücke dieser hartnäckigen Pflanzen können neu austreiben und müssen nachher mühevoll aus dem Rasen gerupft werden. Zum Leidwesen des Gärtners passen sich viele Fremdpflanzen dem regelmäßigen Tiefschnitt des Rasens ganz gut an (siehe Seite 98).

Die Motorfräse ist zur Bodenlockerung großer Flächen unentbehrlich.

Rasenflächen neu anlegen

Ölrettich kann vor der Rasenaussaat als Gründüngung angebaut werden.

periode nicht. Die Einarbeitung der Gründüngung führt dem Boden eine beträchtliche Menge an organischem Material zu und ist deshalb besonders empfehlenswert. Einen Ersatz für die mechanische Bearbeitung von Verdichtungen kann die Gründüngung allerdings nicht bieten, sie kann aber den Aufwand stark mindern. Es lohnt sich!

Maßnahmen zur Bodenverbesserung durchführen

Im Allgemeinen können Sie sowohl bei einer Neuanlage als auch bei einer Rasenanlage auf bereits gärtnerisch genutzten Flächen davon ausgehen, dass der Boden eine Starthilfe braucht, um der Neuansaat gute Bedingungen zu bieten. Maßnahmen zur Bodenverbesserung wirken sich günstig auf die Bodenstruktur aus und fördern durch Nährstoffeinträge verschiedener Art die biologische Aktivität im Boden.

Der über Gärtnergenerationen hinweg sehr beliebte Torf eignet sich aufgrund seines niedrigen pH-Wertes, des sehr geringen Nährstoffgehaltes und der fast völlig fehlenden biologischen Aktivität nicht zur Bodenverbesserung. Eine bessere Alternative zum Torf ist zum Beispiel fein strukturierter **Kompost**, der in den Boden eingearbeitet werden kann. Sachgerecht kompostiert, ist er reich an Nährstoffen und Mikroorganismen, die sich positiv auf das Bodenleben auswirken. Außerdem bewirkt er eine lang anhaltende Strukturverbesserung, erhöht die Speicherkapazität für Wasser und wirkt durch seinen Kalkgehalt einer Bodenversauerung entgegen. Bei einer Neuanlage sollten Sie einmalig 10 l Kompost pro m^2 in die oberen 10–20 cm Boden einarbeiten, später können Sie ihn in einer Menge von 1–2 l/m^2 zum Aufdüngen verwenden.

Ein weiteres Substrat, das sich ebenfalls gut für die Bodenverbesserung eignet, ist **Rindenhumus**, der bei der Kompostierung von Rinde entsteht. Verwechseln Sie ihn bitte nicht mit Rindenmulch, der zur Bodenabdeckung in Blumenbeeten und auf Wegen verwendet wird! Er ist völlig ungeeignet für die Anwendung auf zukünftigen Rasenflächen. Rindenhumus dagegen lockert den Boden und erhöht den Nährstoffgehalt und die Wasserspeicherkapazität. Er wird in einer Menge von 20 l/m^2 eingearbeitet. Da er leicht sauer ist, sollten Sie vor-

Oben: Vor dem Ausbringen auf das Saatbett muss der Kompost gesiebt werden.

Links: Reifer Kompost für reichhaltiges Bodenleben in der Rasentragschicht.

her eine pH-Wert-Bestimmung des Bodens durchführen lassen, um eine Übersauerung zu vermeiden.

In Böden, deren Wasserdurchlässigkeit und Durchlüftung verbessert werden soll, können Sie **Sand**, **Bims** oder **Lava** einarbeiten. Diese Substrate müssen in einer Menge von 5–10 m^3/100 m^2 ausgebracht werden. Sie vergrößern aufgrund ihrer Struktur das Porenvolumen im Boden und sorgen für einen schnelleren Wasserabfluss in tiefer liegende Schichten, so dass Staunässe vermieden wird. Der pH-Wert von Bims und Lava liegt ungefähr bei 7, geringe Schwankungen sind abhängig vom Produkt. Ebenso wie Sand können sie in jede Fläche eingearbeitet werden.

Darüber hinaus gibt es synthetische Stoffe wie **Styromull** (aufgeschäumtes Polystyrol) für die Lockerung und Durchlüftung schwerer Böden. Er besitzt durch seine Körnung von bis zu 12 mm keine Wasserspeicherkapazität und beinhaltet auch keine Nährstoffe, verbessert aber über eine positive Beeinflussung der Bodenstruktur die Luft- und Wasserführung und erhöht dadurch auch indirekt die biologische

Rasenflächen neu anlegen

Aktivität. Synthetisch sind auch **offenporige Hartschäume**, die ein Wasserhaltevermögen von bis zu 70 Vol.-% besitzen. Sie geben das Wasser gleichmäßig und nahezu vollständig wieder an die Pflanzen ab, sorgen also über die Speicherung für eine kontinuierliche Wasserversorgung. Dies ist vor allem in sandigen Böden wichtig, da hier Niederschläge und Beregnungswasser rasch aus dem Wurzelraum in tiefere Zonen weitergeleitet werden, wo es für die Pflanzenwurzeln nicht mehr verfügbar ist. Schwere Lehm- und Tonböden profitieren von den zusätzlichen Poren der Hartschäume, die eine verbesserte Luft- und Wasserversorgung ermöglichen und somit auch

Eigenschaften von gängigen Bodenverbesserungsmitteln				
Eigenschaften	Torf	Kompost	Rindenhumus	Holzfaser
Anhaltende Strukturverbesserung	mittel	gut	gut	gering bis mittel
pH-Wert	niedrig	hoch	mittel bis hoch	mittel
Nährstoffgehalt	sehr gering	hoch bis sehr hoch	gering bis mittel	gering bis mittel
Biologische Aktivität	sehr gering	sehr hoch	gering	gering

Quelle: Bayerischer Landesverband für Gartenbau und Landespflege

Die Rolle der Bodenorganismen
Die biologische Aktivität betrifft alle Bodenorganismen eines ausgedehnten unterirdischen Ökosystems. Pilze und Bakterien bilden die größte Gruppe unter ihnen: Sie machen nach Anzahl und Masse etwa 80 % aller bodenlebenden Organismen aus und sind an allen stofflichen Umsetzungen im Boden beteiligt. Dazu gehört der Abbau organischer Substanzen (Mineralisierung) ebenso wie der Aufbau organischer Stoffwechselprodukte (Humifizierung), die wiederum den Pflanzen zugute kommen. Für die Aufrechterhaltung des biologischen Gleichgewichts benötigen sie ein breites Angebot an Nährstoffen sowie ausreichende Bodenfeuchtigkeit, einen funktionierenden Gasaustausch und bestimmte physikalische Bodenverhältnisse. Der ideale Boden verfügt über ein gewisses Wasserhaltevermögen und gibt versickerndes Regenwasser nur langsam und gleichmäßig in tiefere Schichten ab. Ungünstig sind sehr sandhaltige Böden, die Niederschläge oder Beregnungswasser schnell ableiten, so dass die oberste Schicht schnell austrocknet. Diese Böden sind biologisch inaktiv oder tot. Ebenso ungünstig sind Böden, die das Wasser nicht oder nur sehr langsam nach unten durchsickern lassen, so dass sich Stauwasser bildet und der Gasaustausch nicht gewährleistet ist.

Flächen für die Aussaat vorbereiten

Erster Arbeitsgang beim Betreten des Saatbetts: Bodenlockerung mit der Motorfräse ...

... aber bitte nicht bei Nässe!

die biologische Aktivität erhöhen. Überschüssiges Wasser kann abfließen und verbleibt nicht in Form von Staunässe im Wurzelraum, wo es sich ungünstig auf das Pflanzenwachstum auswirkt. Positiv ist in diesem Zusammenhang auch zu sehen, dass diese Substrate bei Sauerstoffabschluss, also unter sehr ungünstigen Bedingungen, nicht in Fäulnis übergehen. Hartschäume nehmen nach dem Austrocknen sofort wieder Wasser auf, so dass sich dieser Prozess praktisch ständig wiederholen lässt. Durch ihr leichtes Gewicht sind sie gut zu transportieren und enthalten keine Unkrautsamen oder Krankheitserreger, was bei biologischen Substraten nicht ausgeschlossen werden kann. Darüber hinaus sind sie geruchsneutral und nicht umweltbelastend. Ihre Wirkungsdauer wird mit zehn Jahren veranschlagt. **Hygromull**® wird beispielsweise zur Verbesserung von leichten Böden verwendet. Er kann Wasser und Nährstoffe speichern und wird im Laufe der Zeit ohne Bildung von schädlichen Zwischenprodukten zu den pflanzennutzbaren Stoffen Wasser, Kohlendioxid und Stickstoff abgebaut. **Hygropur**® ist eine Mischung aus 70 % Hygromul® und 30 % Styromull® und vereinigt die Eigenschaften beider Substanzen.

Vorplanieren

Der nächste Arbeitsschritt zur Neuanlage einer Grünfläche ist das Vorplanieren. Am einfachsten geht dies mit einem motorbetriebenen Kultivator. Er arbeitet mit zwei- oder mehrreihigen Zinken, die an einem Rahmen angebracht sind. Manche Geräte besitzen noch einen Vibrationseffekt und rütteln die oberste Bodenschicht durch.

Rasenflächen neu anlegen

Dadurch werden große Erdschollen zerkleinert. Eine Reihe von Arbeitsgängen sorgt für eine immer gleichmäßigere Oberfläche. Der Einsatz des Kultivators bietet sich besonders bei großen und problematischen Flächen an, die von Hand nur mit besonders großem Kraft- und Zeitaufwand bearbeitet werden können. Ansonsten lässt sich diese Arbeit auch mit einem Handgrubber durchführen, das ist ein einfaches Handgerät mit ein bis drei scharenähnlichen Metallteilen, mit dem Sie ebenfalls größere Schollen zerkleinern können.

Danach wird mit dem Rechen die Feinarbeit erledigt. Bis zu den abschließenden Arbeiten und der Aussaat können Sie sich und der bearbeiteten Fläche aber noch zwei bis drei Wochen Erholungszeit gönnen. Falls Sie Rindenhumus oder Kompost in den Boden eingearbeitet haben, können die Mikroorganismen in dieser Zeit die oberste Bodenschicht besiedeln. Übersehene Pflanzenteile von Fremdkräutern wachsen aus und können noch entfernt werden. In der trockenen Jahreszeit sollten Sie eine leichte Bewässerung nicht vergessen. Dadurch setzt sich die Saatfläche besser ab und es treten oft noch Senken auf, die im nächsten Arbeitsgang aufgefüllt werden können. Nach der Aussaat ist eine Nivellierung schwieriger. Der Vorgang der Rückverdichtung lässt sich durch leichtes Walzen unterstützen.

Gleichmäßig ebnen

Nun muss jede Unebenheit auf der Fläche sorgfältig entfernt werden. In jeder noch so kleinen Senke und Delle können sich Niederschläge sammeln und zu Staunässe führen – und Gräser mögen keine nassen Füße! Kleine Unebenheiten machen sich außerdem beim Rasenmähen negativ bemerkbar. Zur Kontrolle kann man mit einer Hartholzlatte arbeiten. Sie hat eine Länge von 1,80–2 m und einen Querschnitt von etwa 2×5 cm. Diese Latte wird in Längs- und anschließend in Querrichtung über die Fläche gezogen, dabei kommen Unebenheiten deutlich zum Vorschein. Sie werden entweder markiert und in einem zweiten Arbeitsgang aufgefüllt oder gleich nivelliert. Tragen Sie Erhebungen bitte vorsichtig ab. Kontrollieren Sie das Ergebnis in jedem Fall nochmals mit der Setzlatte – nicht jeder hat das perfekte Augenmaß.

Ist die Fläche geebnet und der Boden fein strukturiert, sollte nochmals gewalzt werden. Sie können die Walze auch durch eine altbewährte Technik ersetzen: Binden sich mit einem Gurtband Bretter an die Schuhe und laufen Sie in kleinen Schritten über die Fläche. Das ist die letzte Gelegenheit, noch aufgetretene Unebenheiten zu egalisieren.

> **Nur bei schönem Wetter arbeiten**
> Erledigen Sie alle vorbereitenden Maßnahmen für die Aussaat an trockenen Tagen. Es ist nicht nur schwieriger, einen nassen und schweren Boden zu bearbeiten, man zerstört dabei auch die kleinen Hohlräume und Poren im Bodengefüge, die wichtig für die Bodendurchlüftung sind.

Sollten Sie eine große Fläche oder schwierige Standortbedingungen zu bewältigen haben, können Sie auch Profis engagieren, die mit geeigneten Geräten und entsprechendem Fachwissen in kurzer Zeit alle vorbereitenden Arbeiten zur Neuanlage der Rasenfläche ausführen. Unter Umständen machen sich die Kosten schnell bezahlt!

Aussaat

Nachdem Sie bei der Vorbereitung der Saatfläche sicher viel Schweiß vergossen und manchen Muskelkater ertragen haben, ist der nächste Arbeitsgang etwas leichter zu bewältigen und macht auch bedeutend mehr Spaß. Doch auch die Aussaat des Rasensamens will gut geplant und vorbereitet sein.

Das trockene Saatbett wird mit dem Rechen glatt gezogen.

Der richtige Aussaattermin

Rasensamen kann nicht das ganze Jahr über beliebig ausgesät werden. Für die Keimung braucht er eine minimale Bodentemperatur von etwa 8 °C. Optimal für Wachstum und Keimung sind bei ausreichender Feuchtigkeit Lufttemperaturen zwischen 14 und 25 °C. In der Regel kann man ab Mitte April mit der Aussaat beginnen. In den Hochsommermonaten oder bei hohen Temperaturen im Frühjahr sollten Sie auf eine Aussaat verzichten, um die Keimlinge bei unregelmäßiger Bewässerung nicht dem Hitze- und Trockenstress auszusetzen. Eine zügige, unproblematische Bodendeckung ist dann nicht zu erwarten. Je nach Witterungsverlauf dürfte der letzte Aussaattermin bei Anfang bis Mitte Oktober liegen. Sät man später aus, kann der Samen trotz Frost und Trockenheit überwintern und man spricht sehr bezeichnend von einer „schlafenden Saat". Durch eine Bewässerung der späten Aussaat werden im Samen aber noch Stoffwechselprozesse in Gang gesetzt, später sterben die Keimlinge durch die ungünstige Witterung ab und die Fläche muss im Frühjahr neu bestellt werden. Das Gleiche gilt für besonders frühe Aussaaten, die dem Spätfrost zum Opfer fallen können.

Die Wahl der Rasensaat

Weder Bodenvorbereitung noch Pflege haben auf die spätere Qualität des Rasens einen so großen Einfluss wie das Saatgut. Daher sollten Sie bei der

Rasenflächen neu anlegen

Wahl des Rasensamens sehr umsichtig zu Werke gehen.

Im Handel finden Sie ein großes Sortiment an Rasenmischungen mit wohl klingenden Namen zu günstigem Preis, darunter auch den 'Berliner Tiergarten'. Die Zusammensetzung der meisten Mischungen ist jedoch nicht näher definiert und viele der enthaltenen Arten oder Sorten erfüllen nicht die gängigen Qualitätskriterien. Oft bereiten sie den Gärtnern lang währenden Verdruss. Der Grund liegt vor allem darin, dass die preiswerten Rasenmischungen sehr häufig landwirtschaftliche Futtergräser enthalten wie Einjähriges Weidelgras (*Lolium westerwoldicum*), Welsches Weidelgras (*Lolium multiflorum*) oder Wiesenschwingel (*Festuca pratensis*). Für die Landwirtschaft sind diese Gräser wegen ihrer Schnellwüchsigkeit und Massebildung ideal. Für den Rasenbesitzer bedeuten ihre Eigenschaften häufiges Mähen in kurzen Abständen. Überdies neigen diese Gräser nicht zur Horstbildung, erreichen also keine flächige Ausdehnung und bilden demnach keine dichte Grasnarbe.

Achten Sie unbedingt darauf, so genanntes **Regel-Saatgut** zu erwerben. Es besteht aus hochwertigen Rasensamen, deren genaue Zusammensetzung auf der Packung angegeben ist. Es lohnt sich, hier etwas mehr Geld anzulegen, Nachsaaten sind arbeitsaufwändig und ebenfalls teuer. Der Anteil an unerwünschten Fremdgräsern und -kräutern ist bei den Regel-Saatgut-Mischungen minimal. Bei entsprechender Pflege bringen sie einen gesunden, unkrautfreien Rasen hervor.

Wie bereits erwähnt, werden für die Rasensaat generell Mischungen verwendet, in denen sich die Eigenschaften der einzelnen Arten positiv ergänzen und als Gesamtes einen Rasen ergeben, der auf einen bestimmten Zweck ausgerichtet ist. Das bedeutet umgekehrt, dass Sie sich ein Grün mit ausgewählten Eigenschaften zusammenstellen können. Das Resultat jahrzehntelanger Züchtungsarbeit sind ungefähr 300 Gräser-Arten, die zur Rasennutzung angemeldet sind. Darunter sind aber auch viele Spezialzüchtungen für besondere klimatische Bedingungen und andere Exoten, so dass Sie nicht unter allen 300 Arten eine Auswahl treffen müssen. Die Regel-Saatgut-Mischungen sind für spezielle Verwendungszwecke ausgewählt. So gibt es Mischungen für Schattenrasen, Sportrasen, Gebrauchsrasen und vieles mehr.

Die Forschungsgesellschaft Landschaftsentwicklung Landschaftsbau e.V.

> **Kleiner geschichtlicher Exkurs**
> Die ursprünglichste und älteste Art, eine Rasenfläche anzulegen, ist das Ausbringen von Rasensoden. Später ersetzte man diese Vorgehensweise durch die Aussaat von so genannter „Heubodenspreu", den ausgefallenen Samen des Heus, die vom Heuboden aufgesammelt wurden. Diese Methode hielt sich ziemlich lange und wurde vor allem dann eingesetzt, wenn große Flächen begrünt werden sollten. So wurde Mitte des 19. Jahrhunderts der damalige Berliner Tiergarten auf diese Weise vom königlichen Jagdrevier zur Parklandschaft umgestaltet.

Aussaat

Oben: Gebrauchsrasen im Hausgarten, umgeben von Staudenbeeten: mal ohne ...

... und mal mit Gartenteich (rechts).

Hochwertige Rasengräser und ihre Eigenschaften	
Name	Eigenschaften
Agrostis capillaris Rotes Straußgras	Dichter, feinblättriger Wuchs, trittfest, verträgt Tiefschnitt, hohe Ansprüche an Wasserversorgung; für Zierrasen geeignet
Agrostis stolonifera Flecht-Straußgras	Schnell bodendeckend durch die Bildung von oberirdischen Ausläufern, sehr regenerationsfähig, mäßig trittfest, blaugrüne Färbung, verträgt Tiefschnitt, benötigt viel Wasser, für Landschaftsrasen geeignet
Festuca nigrescens (Syn. *F. rubra* subsp. *commutata*) Herbst-Rot-Schwingel	Schmale Blattstruktur, dicht und langsam wachsend, mäßig trittfest; verträgt Tiefschnitt und Trockenheit
Festuca rubra subsp. *rubra* Rot-Schwingel	Schmale Blattstruktur, bildet unterirdische Ausläufer, dicht und langsam wachsend, mäßig trittfest; verträgt Tiefschnitt und Trockenheit
Lolium perenne Deutsches Weidelgras	Grobe Blattstruktur, belastbar, kurze Keimdauer, raschwüchsig und sehr regenerationsfreudig, verträgt Tiefschnitt, hohe Ansprüche an Wasser- und Nährstoffversorgung
Poa pratensis Wiesen-Rispengras	Dichter Wuchs durch unterirdische Ausläufer, strapazierfähig, lange Keimdauer, regenerationsfähig, dunkelgrüne Färbung, Tiefschnitt möglich, hohe Ansprüche an Wasser- und Nährstoffversorgung

Rasenflächen neu anlegen

(FLL) in Bonn empfiehlt Regel-Saatgut-Mischungen unter Berücksichtigung verschiedener Anwendungsbereiche und Standortverhältnisse. In Anlehnung an diese Empfehlungen unterscheidet man unter anderem die folgenden, für den Hausgarten relevanten Rasenarten:

Zierrasen
Zu den Zierrasen gehört auch der Englische Rasen. Man findet ihn als Repräsentationsgrün sowie in privaten Gärten. In der Saatgut-Mischung überwiegt der Anteil feinblättriger Gräser, was ihm ein teppichartiges Aussehen mit sattgrüner Färbung verleiht. Dazu benötigt er aber einen enorm hohen Pflegeaufwand, insbesondere die Zusammensetzung der Variante 1 muss häufig und tief geschnitten werden (siehe Tabelle unten). Zierrasen ist außerdem wenig belastbar. Die Aussaatmenge beträgt 25 g/m^2.

Gebrauchsrasen
Darunter versteht man einen Vielzweckrasen für den Haus- und Kleingarten. Seine Verwendung reicht vom öffentlichen, mittelmäßig belastbaren Grün bis zum stark strapazierfähigen Spielrasen. In Bezug auf die Pflegeansprüche liegt er im Mittelfeld – ganz ohne Pflege kann auch er nicht gedeihen. Die Aussaatmenge liegt bei 25 g/m^2.

Funktionelle Rasenfläche mit Sandkasten und Wäschetrockenplatz.

Zierrasen		
Art	Mischungsanteil in Gew.-%	
	Variante 1	Variante 2
Agrostis capillaris Rotes Straußgras	10–20	–
Agrostis stolonifera Flecht-Straußgras	10–20	–
Festuca nigrescens (Syn. *F. rubra* subsp. *commutata*) Herbst-Rot-Schwingel	20–40	30–50
Festuca rubra subsp. *rubra* Rot-Schwingel	15–35	20–40
Festuca trichophylla Haarblättriger Schwingel	20–40	20–40

Aussaat

Gebrauchsrasen – Standard		
Art	Mischungsanteil in Gew.-%	
	Regelwert	Spielraum
Agrostis capillaris Rotes Straußgras	5	5
Festuca nigrescens (Syn. *F. rubra* subsp. *commutata*) Herbst-Rot-Schwingel	40	30–50
Festuca rubra subsp. *rubra* Rot-Schwingel	10	5–15
Festuca trichophylla Haarblättriger Schwingel	10	5–15
Poa pratensis Wiesen-Rispengras	35	15–45
Gebrauchsrasen – Spielrasen		
Festuca nigrescens (Syn. *F. rubra* subsp. *commutata*) Herbst-Rot-Schwingel	20	10–30
Festuca rubra subsp. *rubra* Rot-Schwingel	10	5–15
Festuca trichophylla Haarblättriger Schwingel	10	5–15
Lolium perenne Deutsches Weidelgras	30	20–40
Poa pratensis Wiesen-Rispengras	30	15–45

Schattenrasen
Die Arten dieser Mischung keimen und gedeihen auch an stärker beschatteten Standorten. Mechanisch sind sie nicht sehr belastbar. Aber wenn Sie nicht zu tief mähen, gut wässern und regelmäßig düngen, können Sie auch schattigere Lagen mit ansprechendem Grün gestalten. Die Bildung von Konkurrenzpflanzen wie Moos sollten Sie im Auge behalten und rechtzeitig bekämpfen.

Eine Alternative zur Aussaat von Schattenrasen ist die Anpflanzung von ausgesprochenen Schattengewächsen. Sie sind besonders geeignet, wenn es sich um sehr begrenzte Areale mit wenig Lichteinfall handelt, zum Beispiel Flächen unter Baumgruppen. Zu den Schattenpflanzen zählen neben den eher unerwünschten Moosen auch Efeu, blühende Stauden wie Schaumblüte (*Tiarella cordifolia*) oder Elfenblume (*Epimedium* spec.) sowie einige

Rasenflächen neu anlegen

Landschaftsrasen – Halbschatten		
Art	Mischungsanteil in Gew.-%	
	Regelwert	Spielraum
Agrostis capillaris Rotes Straußgras	5	5
Deschampsia flexuosa Draht-Schmiele	5	0–10
Festuca nigrescens (Syn. *F. rubra* subsp. *commutata*) Herbst-Rot-Schwingel	10	5–15
Festuca ovina Schaf-Schwingel	20	15–25
Festuca rubra subsp. *rubra* Rot-Schwingel	10	5–15
Festuca trichophylla Haarblättriger Schwingel	15	10–20
Lolium perenne Deutsches Weidelgras	10	5–15
Poa nemoralis Hain-Rispengras	5	5–10
Poa pratensis Wiesen-Rispengras	15	10–20
Poa supina Läger-Rispengras	5	0–5

Gehölze, die sich miteinander kombinieren lassen. Sie können so aus einem für den Rasen problematischen Standort einen richtigen Blickfang machen.

Reparatur-/Regenerationsmischungen
Mit ihnen können Sie Ausbesserungsarbeiten ohne vorheriges Umgraben des Bodens durchführen. Die enthaltenen Gräser keimen relativ rasch und sorgen durch ausgeprägte Horstbildung für schnelle Bodendeckung.

Regenerationsmischungen bestehen meist aus verschieden schnell wachsenden Sorten. Sie sind speziell auf die gewünschte Rasenart abgestimmt (Sportrasen, Zierrasen). Während die schnell keimenden und wachsenden Sorten eine Ansiedlung von Unkräutern verhindern, ergänzen die langsam wachsenden Sorten das Gesamtbild. Auf den Verpackungen finden Sie auch flächengebundene Mengenangaben, meist liegen sie zwischen 20–30 g/m^2.

Alternativ zu fertigen Rasenmischungen können Sie sich das Saatgut aber auch individuell in speziellen Saatgutläden zusammenstellen lassen, wo Sie auch mit einer fundierten Fachberatung rechnen können. In einigen Filialen von Gartenmärkten können Sie Ihr gewünschtes Saatgut auch selbst mischen – dies sind aber Ausnahmen, und wenn Sie diesen Service

Aussaat

in Anspruch nehmen möchten, müssen Sie natürlich über die Eigenschaften der angebotenen Grassorten sowie ihre idealen Mischungsverhältnisse informiert sein.

Behandeltes Saatgut

Viele Neuansaaten zeigen bereits nach kurzer Zeit Probleme. Die Keimung geht oft nur langsam vonstatten, die Grasnarbe ist lückenhaft, das Wurzelwachstum spärlich. Ein häufiger Grund dafür sind Auflauferkrankungen, die die Jungpflanzen kurz nach der Aussaat heimsuchen. Es sind vor allem Pilzkrankheiten, deren Erreger im Boden leben, über die Wurzeln in die Pflanze eindringen und zu Totalausfällen führen können.

Seit einigen Jahren besteht die Möglichkeit, das Saatgut gewissermaßen „aufzurüsten". Dabei wird es mit einem Präparat gemischt, das Bakterien enthält. Im Boden beeinflussen sie die jungen Pflanzen vom Beginn der Keimung an. Sie werden mit der Keimwurzel durch deren Wachstumsvorgänge in den Boden transportiert und besiedeln dort die Wurzel sowie den umliegenden Wurzelraum. Dort konkurrieren sie mit den schädlichen Bodenorganismen als deren Antagonisten um Wasser, Nährstoffe und Lebensraum. Pilze und andere Krankheitserreger werden so an einem Befall der Keimlinge gehindert. Darüber hinaus scheiden die Bakterien Stoffwechselprodukte aus, die von den Pflanzen aufgenommen und gezielt in den eigenen Stoffwechsel integriert werden, zum Beispiel zur Stärkung des eigenen Immunsystems. Abgestorbene Bakterien lösen sich buchstäblich auf und die freigesetzten Substanzen dienen den Pflanzen ebenfalls als Nährstoffe.

Mit Antagonisten behandeltes Saatgut zeigt eine kürzere Keimdauer und eine bessere Keimrate als unbehandeltes Saatgut. Es kommt schneller zu flächendeckendem Bewuchs. Werden die jungen Pflanzen doch einmal von einer Auflauferkrankung befallen, richten diese weit weniger Schaden an als bei ungeschützten Keimlingen. Die vorteilhaften Effekte können unter günstigen Umständen bis zu fünf Jahre andauern. In Deutschland ist diese Methode der Rasensaatgutbehandlung noch recht neu, in den USA und anderen Ländern wird sie aber seit vielen Jahren im Golf- und Sportrasenbereich erfolgreich praktiziert.

Da das Bakterienpräparat mit dem Namen FZB 24® im Handel frei erhältlich ist, können Sie auch privat davon Gebrauch machen (siehe Seite 122). Es liegt in Pulverform für Obst- und Gemüsekulturen vor und ist auch für den Rasen anwendbar.

Die Handhabung ist relativ einfach: Das Saatgut wird trocken mit dem Pulver gemischt und in der üblichen Weise ausgesät. Dabei sollten Sie aber unbedingt eine Staubmaske tragen, da Bakterienstaub die Atemwege reizen und allergische Reaktionen hervorrufen kann. Allergiker sollten auf diese Art der Anwendung besser verzichten. Möchten Sie dieser Gefahr aus dem Weg gehen, können Sie auch eine Nassbeize durchführen. Geben Sie Saatgut und Präparat in einen Behälter und füllen Sie vor dem Durchmischen so viel Wasser auf, dass ein Brei

Rasenflächen neu anlegen

entsteht. Das nasse Saatgut kann allerdings nicht mit der Saatmaschine ausgebracht werden und auch eine gleichmäßige Aussaat von Hand wird durch die Feuchte erschwert. Das Saatgut muss anschließend mit einem Rechen möglichst gleichmäßig auf der Fläche verteilt werden. Eine weitere Alternative besteht darin, dass Sie das Präparat nach der Aussaat in einer Gießkanne mit Wasser verrühren und dann die Fläche bahnenweise damit begießen.

Ein alter Rasen kann ebenfalls in den Genuss einer solchen Antagonistenbehandlung kommen. Dazu bietet sich ebenfalls das Gießkannen-Verfahren an. Egal ob Neuanlage oder bestehende Rasenfläche – nach der Ausbringung ist eine Bewässerung unverzichtbar, damit die Bakterien in den Wurzelraum geschwemmt werden. Die Erfolge sind auf einer Altfläche nicht so schnell sichtbar wie beim Aussaatverfahren, aber im Laufe der Zeit stellen sich auch hier positive Effekte ein. Das Wurzelwachstum wird verbessert und die Widerstandsfähigkeit gegenüber Krankheiten gestärkt. Insgesamt wirkt der Rasen gesünder und schöner.

Den Rasen aussäen

Bevor Sie mit der Aussaat beginnen, sollten Sie das Saatgut sorgfältig durchmischen, da die Samen der einzelnen Grasarten sehr unterschiedlich im Gewicht sind. Aus diesem Grund sollten Sie auch nur an windstillen Tagen säen, damit die leichten Samen nicht weiter fliegen als die schweren. Sie können dem Saatgut auch Sand oder Sägemehl untermengen, um ein Entmischen zu verhindern.

Wer ein wenig Geschick und Augenmaß mitbringt, kann das Saatgut mit der Hand ausbringen. Dazu wird die Fläche in Streifen aufgeteilt, das schafft einen besseren Überblick über behandelte und unbehandelte Areale. Das Saatgut wird dann breitwürfig ausgestreut. Diese Methode war vor der Zeit der Sämaschinen in der Landwirtschaft gang und gäbe. Es muss allerdings gesagt sein, dass es einer Menge Übung bedarf, das Saatgut gleichmäßig ohne Fehlstellen und Überschneidungen auszubringen.

Für größere Flächen können Sie eine Rasenbaumaschine benutzen, die das Saatgut ausbringt, einarbeitet und anwalzt. Für kleinere Flächen gibt es im Handel auch einfache Streuwagen, sie eignen sich zum Ausbringen von Saatgut als auch von Düngemitteln. Bei sorgfältiger Ausführung – keine überlappenden Bahnen, keine Lücken – bringen sie ein gleichmäßiges Ergebnis hervor. Zum Einstellen der Saatstärke

---

Werkzeuge und Materialien für die Aussaat

Werkzeug
- Saatwagen
- Rechen
- Walze oder Trittbretter
- Feinwaage zum Abwiegen der Rasensamen
- Beregnungsvorrichtung

Material
- eventuell neue, hochwertige Erde
- Saatgut
- Starterdünger

Aussaat

Einfacher geht's mit dem Streuwagen und dosierbarem Saatgut.

Die Aussaat von Hand erfordert Übung und Augenmaß.

Beim Aussäen beachten: wahren Sie eine Radbreite Überstand für eine gleichmäßige Aussaat.

wird eine Folie ausgelegt und mit dem Streuwagen eine Wegstrecke von 2 m darauf abgefahren. Anschließend wird das ausgeworfene Saatgut mit einer Briefwaage gewogen. Hat der Streuwagen eine Breite von 50 cm, entspricht die Saatmenge einer Fläche von genau 1 m^2. Bei schmaleren Streuwagen müssen Sie entsprechend umrechnen. Die Menge an benötigtem Saatgut pro Flächeneinheit ist je nach Rasenmischung unterschiedlich, da das Korngewicht der einzelnen Grasarten sehr verschieden sein kann. Auf den Saatgutpackungen findet man die Aussaatmengen pro Quadratmeter, dementsprechend müssen Sie schon beim Einkauf berechnen, wie viel Saatgut Sie für Ihre Fläche benötigen. Die angegebene Menge ist übrigens auch ein Indiz für die Qualität des Saatguts: Bei minderwertigen

Rasenflächen neu anlegen

Saatgut-Mischungen liegt die empfohlene Menge oft deutlich höher!

> **Was Sie grundsätzlich bei der Aussaat beachten sollten:**
> - Säen Sie in zwei Richtungen: Der zweite Arbeitsgang erfolgt quer zum ersten.
> - Verwenden Sie nur trockenes, gesundes Saatgut. Feuchte Samen klumpen und können von Pilzen befallen sein. Man erkennt sie an einem hellen, oft pudrigen Überzug.
> - Säen Sie nicht mehr als die auf der Packung angegebene Menge. Zu dicht gesäte Pflanzen machen sich gegenseitig Konkurrenz und sind krankheitsanfällig. Meist reichen 20–25 g/m² vollkommen aus.

Saatgut leicht einarbeiten

Nach der Aussaat wird das Saatgut etwa 0,5 cm tief in den Oberboden eingearbeitet, zum Beispiel mit dem Rücken eines Rechens oder einer Igelwalze. Da Grassamen Lichtkeimer sind, dürfen sie aber nicht im Boden vergraben werden! Lässt man die Samen an der Oberfläche liegen, trocknen sie schnell aus oder werden zum gefundenen Fressen für Vögel. Um die Saat vor Vogelfraß zu schützen, können Sie die Fläche mit einem Gartenvlies überspannen oder Silber- und Raschelfolien an Stöcken befestigen und in regelmäßigen Abständen auf der Fläche verteilen.

Der Boden kann leicht gewalzt oder mit Hilfe von Tretbrettern abgelaufen werden. Dadurch erhält das Saatgut die nötige Bodenhaftung, was die Bewurzelung erleichtert und die Bodenoberfläche nochmals glättet. Dieses Andrücken ist allerdings nur bei trockenem Wetter zu empfehlen, andernfalls bleibt das Saatgut an Walze oder Tretbrettern kleben. Auch auf verdichteten Flächen sollte diese Maßnahme besser unterbleiben.

Aussaat feucht halten

Sofern die Niederschläge nicht ausreichen, muss die Fläche direkt nach der Aussaat beregnet und dauerhaft feucht gehalten werden. Durch das Wasser wird der Keimvorgang in Gang gesetzt und am Laufen gehalten. Natürlich sollten Sie Ihre Rasenfläche auch nicht unter Wasser setzen, dann droht den Keimlingen Sauerstoffmangel. Bei trockenem Wetter sollte je nach Temperaturverhältnissen drei- bis fünfmal täglich etwa zehn Minuten beregnet werden. Benutzen Sie bitte sowohl bei Neuanlagen als auch bei Nachsaaten immer die feinste Beregnungsdüse, um mit dem Wasserstrahl keine Samen oder Keimlinge aus dem Saatbett auszuschwemmen. Je nach Mischung werden Sie nach ungefähr einer Woche die ersten zarten Halme schnell keimender Arten sehen. Dazu

> **Vorgeschriebene Keimfähigkeit**
> Bei Regel-Saatgut-Mischungen sind die Anforderungen an die Keimfähigkeit vorgeschrieben. Sie liegen für die einzelnen Grasarten zwischen 80 und 85 %. Somit kann der Verbraucher davon ausgehen, dass ihm aufwändige und teure Nachsaaten erspart bleiben.

Nach der Aussaat: Walzen für einen guten Bodenschluss des Saatgutes.

gehört beispielsweise das Deutsche Weidelgras *(Lolium perenne)*. Rot-Schwingel *(Festuca rubra* subsp. *rubra)* dagegen lässt sich gut zwei Wochen und das Wiesen-Rispengras *(Poa pratensis)* drei Wochen Zeit. Um allein schon dieser unterschiedlichen Keimdauer gerecht zu werden, müssen Sie die Bewässerung noch längere Zeit kontinuierlich fortsetzen. Auch die Jungpflanzen brauchen eine regelmäßige Wasserversorgung.

Restliches Saatgut lagern
Sollten Sie mehr Saatgut eingekauft haben, als Sie in der laufenden Saison benötigen, können Sie Regel-Saatgut-Mischungen ohne weiteres etwa zwei Jahre aufbewahren, ohne große Qualitätseinbußen hinnehmen zu müssen. Bewahren Sie es an einem trockenen

Und zum Schluss: regelmäßiges Beregnen nicht vergessen!

Rasenflächen neu anlegen

und kühlen Ort in einem luftdurchlässigen Behältnis auf. Die Keimfähigkeit nimmt zwar mit steigender Lagerdauer kontinuierlich ab, aber wenn das Saatgut trocken ist und daher Pilzsporen keine Chance zur Vermehrung haben, ist dieser Rückgang nicht wesentlich.

Eine Starthilfe geben
Um Ihren jungen Rasenpflanzen etwas Gutes zu tun, sollten Sie Ihnen auf jeden Fall noch eine Starterdüngung mit auf den Weg geben. Diese ist phosphatbetont und unterstützt das Wachstum der Pflanzen, was in der Folge auch zu einer schnelleren Bodendeckung führt. Die Grasnarbe erhält eine sattgrüne Farbe und kann schneller betreten werden.

Der erste Schnitt
Ab 4 cm Wuchshöhe, besser noch etwas später, kann ein junger Rasen vorsichtig betreten werden. Bei einer Wuchshöhe von 8 cm ist ein erster so genannter „Schröpfschnitt" möglich, der aber nicht tiefer als 5 cm sein sollte, da sonst der Massenverlust für die Jungpflanzen zu hoch ist. Der zweite Schnitt erfolgt etwa zwei Wochen später. In der Folge kann sich wöchentliches Mähen positiv auf das Wachstum auswirken, da dadurch die Horstbildung gefördert wird. Die Schnitthöhe sollte nie unter 5 cm liegen. Wenn der Rasen dicht genug ist, können die Mähintervalle auf zwei Wochen festgelegt werden.

Fertigrasen verlegen

Wenn Sie nach der zeitaufwändigen Vorbereitung der Fläche nicht auch noch die Aussaat durchführen und die Auflaufzeit abwarten möchten, können Sie auch Fertigrasen verlegen. Dieser vorgezogene Rasen wird beim Hersteller maschinell geerntet, indem er in langen Bahnen mit der Rasentragschicht und den Wurzeln vom Untergrund abgeschält wird. Ein gesunder, fachgerecht verlegter und gepflegter Rasen wächst auf der vorbereiteten Fläche innerhalb von zwei Wochen an.

Die Produktion von Fertigrasen ist keine neue Methode, sie wurde bereits im 18. Jahrhundert in Amerika entwickelt. Fertigrasen wird in Rollen mit einer Größe von 250 × 40 cm geliefert, aber auch andere Abmessungen sind möglich. Rollrasen lässt sich gut für Ecken, Kurven und ungleichmäßige Flächen zuschneiden.

> **Rasensoden selbst herstellen**
> Es besteht auch die Möglichkeit Rasensoden selbst herzustellen, um beispielsweise kleine Ausbesserungen vorzunehmen. Dabei werden mit dem Spaten Soden einer gesunden Rasenfläche abgestochen und übertragen. Man sollte darauf achten, dass der unterirdische Teil der Soden nicht zu dick ist – 2 bis 3 cm reichen völlig aus. Abgetrennte Wurzeln sind eher vorteilhaft, dadurch wird das Wurzelwachstum angeregt und die Sode schneller mit dem Untergrund verankert.

Fertigrasen verlegen

Fertigrasen wird direkt beim Großhandel, Gartencentern oder bei Firmen des Garten- und Landschaftsbaues bestellt (siehe Seite 122). Zunächst sollten Sie die Fläche möglichst genau ausmessen, um weder zu viel, noch zu wenig zu ordern. Bei der Bestellung ist außer der Menge noch die Art des Rasens wichtig. Angeboten werden nämlich unterschiedliche Rasenarten wie Zierrasen, Sportrasen, Schattenrasen und mehr. Sonderwünsche wie bei der Zusammenstellung ganz bestimmter Saatgutmischungen können beim Fertigrasen aber leider nicht berücksichtigt werden. Kleinere Mengen sind gut mit einem Hänger oder Kombi transportierbar. Größere Mengen sollten Sie sich liefern und eventuell auch verlegen lassen. Fertigrasen ist nämlich relativ schwer – 1 m² wiegt etwa 20 kg! – und daher nicht gerade handlich.

Verlegen von Rollrasen am Hang: die Verlegearbeit beginnt unten am Hangfuß.

Die Vorteile eines Fertigrasens
- Fertigrasen bietet sofort nach dem Verlegen eine schöne, dichte Grasnarbe.
- Qualitativ hochwertiger Fertigrasen ist frei von Fremdkräutern und Schadstellen.
- Die Rasenfläche ist relativ schnell belastbar, in Maßen bereits nach zwei bis drei Wochen.
- Der Zeitgewinn gegenüber Aussaaten liegt bei bis zu drei Monaten.

Fläche gut vorbereiten

Voraussetzung für ein gutes Endergebnis ist wie bei der Aussaat der Rasensamen die Vorbereitung der Fläche. Sie muss mit denselben Arbeitsgängen und derselben Sorgfalt durchgeführt werden wie bei der Ansaat. Nachlässigkeiten werden durch den Fertigrasen nur vorübergehend kaschiert. Keinesfalls darf Fertigrasen auf alte Rasenflächen oder anders bewachsene Flächen verlegt werden. Vor dem Verlegen des Fertigrasens muss die Oberfläche des Geländes wieder aufgeraut werden, beispielsweise mit einem Rechen. Dadurch können sich die Wurzeln des Rollrasens besser im Untergrund verankern. Außerdem wird die Bildung einer Sperrschicht verhindert, die vor allem dann zum Problem wird, wenn Regenwasser nicht mehr zügig nach unten abfließen kann. Der finanzielle Mehraufwand bei der Verwendung von Fertigrasen gegenüber der herkömmlichen Aussaatmethode beträgt ungefähr das Zehnfache. Wägen Sie die Vor- und Nachteile der Methoden zur Neuanlage einer Grünfläche am besten individuell miteinander ab. Eventuell können sich die Mehrkosten lohnen.

Da Rollrasen nur begrenzt und unter bestimmten Bedingungen gelagert

Rasenflächen neu anlegen

werden kann, sollten Sie ihn erst abholen bzw. liefern lassen, wenn die für ihn vorgesehene Fläche fertig gestellt ist. Muss der Fertigrasen doch gelagert werden, sollte der Aufbewahrungsort schattig, feucht und möglichst kühl sein. Die Lagerfrist darf maximal *einen* Tag betragen! Ansonsten färben sich die ausrollbaren Rasensoden schnell gelb und benötigen nach dem Verlegen zunächst eine Regenerationsphase. Auf keinen Fall jedoch sollten Sie den Fertigrasen mit Plastikfolie abdecken, da sonst der Gasaustausch unterbunden wird und es zur Bildung von Kondenswasser kommt. Beim Transport sollten die Soden abgedeckt und bei Bedarf feucht gehalten werden.

Tipps zum Verlegen von Rollrasen

- Beginnen Sie an einem zentralen Ort des Gartens, zum Beispiel an der Terrasse oder entlang eines Weges und verlegen Sie lange Bahnen oder rechteckige Stücke unzerschnitten.
- Setzen Sie die Arbeit zu den hinteren oder verwinkelten Bereichen des Gartens hin fort, wo mit kleinen Bruchstücken gearbeitet werden muss.
- In Hanglagen sollte immer quer zum Hang und von unten nach oben verlegt werden. So drücken sich die Bahnen durch ihr Eigengewicht aneinander und bilden keine Fugen.
- Jede nachfolgende Pflegemaßnahme am Hang muss vorsichtig erfolgen, um noch unverwurzelte Soden nicht ins Rutschen zu bringen.

Fachgerecht verlegen

Sie können Fertigrasen ab einer Bodentemperatur von 5 °C verlegen. Das Wurzelwachstum ist dann aber noch stark eingeschränkt, so dass das Verwachsen mit dem Untergrund bei niedrigen Temperaturen länger dauert als in der warmen Jahreszeit. Am günstigsten ist der Herbst oder das zeitige Frühjahr.

Rollrasen wird fugenversetzt verlegt. Beim Ausrollen sollten Sie Tretbretter tragen, um die bereits ausgebrachten Soden zu schützen. Die einzelnen Teile werden auf Stoß verlegt – also ohne Lücken. In eventuell entstehende Fugen wird eine Mischung aus Sand und Mutterboden gefüllt und eingefegt.

Nach dem Verlegen wird zunächst einmal gewalzt, um einen besseren Kontakt der Rasentragschicht mit dem Untergrund herzustellen. Ohne Bodenkontakt können die Wurzeln vertrocknen und braune Stellen im Rasen entstehen.

Anschließend sollten Sie den Fertigrasen gründlich wässern. Eine ausreichende Wasserversorgung sollte auch in der folgenden Zeit gewährleistet sein, um dem Rasen möglichst gute Startbedingungen zu bieten.

Das Wurzelwachstum verläuft gut, wenn sich der Rasen nach einer Woche nicht mehr ohne weiteres abheben lässt – bitte wenden Sie keine Gewalt an! Nach weiteren 10 bis 14 Tagen sollte er dann fest verwachsen sein. Das bedeutet, dass er auch einem festen Zug standhält und sich

Holzdübel sichern die Rasenteile bis nach dem Anwachsen.

Nach dem Verlegen muss auch Rollrasen regelmäßig bewässert werden.

nicht vom Untergrund abhebt oder verschieben lässt. Für ein besseres Wurzelwachstum eignet sich der Bodenhilfsstoff Agrosil® LR. Er wird entweder vor dem Verlegen auf der Rasentragschicht ausgebracht oder nach dem Verlegen in die Rasenfläche eingeregnet.

Der erste Schnitt

Nach etwa 14 Tagen können Sie mit dem ersten Schnitt beginnen, vorausgesetzt, der Rasen ist mit dem Untergrund so gut verwachsen, dass er sich beim Mähen nicht zusammenschieben lässt. Beim Mähen sollten etwa zwei Drittel der Halmlänge stehen bleiben. Im weiteren Verlauf wird ein Fertigrasen genauso gepflegt wie ein ausgesäter Rasen.

Blumenwiesen anlegen

Eine Alternative zum Rasen bietet die Blumenwiese. Früher eher belächelt oder als Zeichen einer gewissen Verwahrlosung angesehen, hat sie in den letzten Jahren immer mehr an Beliebtheit gewonnen. Heute liegt sie voll im Trend, da sie ein Biotop besonderer Art darstellt. Eine Blumenwiese bietet vor allem Insekten einen Lebensraum, den ein Rasen nicht in demselben Umfang gewährleisten kann. Blumenwiesen sind ein kleines Stück Naturschutz im eigenen Garten. Außerdem sind sie keineswegs das Ergebnis lang anhaltender Vernachlässigung, sondern eine geplante und mit entsprechenden Maßnahmen gepflegte Fläche.

Blumenwiesen anlegen

Es gibt ein paar grundlegende Unterscheidungsmerkmale zwischen einer Blumenwiese und einem Rasen: Auf beiden wachsen zwar Gräser, allerdings verschiedene Arten. Wiesengräser haben andere Wuchseigenschaften sowie Ansprüche an Bodenverhältnisse und Düngung als Rasengräser. Außerdem sind sie mit einer Vielzahl anderer Arten vergesellschaftet, die im Rasen äußerst ungern gesehen sind.

Wer Wiese und Rasen gleichzeitig besitzen möchte, kann anstelle eines ganzen Gartengrundstückes auch partiell extensiv genutztes Gelände zu einer Blumenwiese umgestalten. Vorstellbar sind hier Böschungen, Rasen- und Wegränder oder wenig betretene Gartenbereiche. In enger Nachbarschaft zu sehr gepflegten, makellosen Rasenflächen sollten Sie eventuell die Anlage einer Blumenwiese überdenken. Durch den Samenflug der Wiesenblumen kann unter Umständen ein Nachbarschaftsstreit vorprogrammiert sein!

Eine Wiese ist sehr empfindlich gegenüber Trittbelastungen und Verdichtungen, auf unsachgemäße Behandlung reagiert sie mit der Zeit durch die Bildung von Trampelpfaden oder Kahlstellen. Als Spielwiese oder intensive Funktionsfläche ist sie deshalb nicht geeignet.

Es gibt zwei Möglichkeiten, eine Blumenwiese entstehen zu lassen. Zum einen über eine Neuanlage, zum anderen, indem bestehende Rasenflächen durch entsprechende Maßnahmen zur Blumenwiese umfunktioniert werden. In beiden Fällen gilt: Der Boden sollte möglichst mager, also nährstoffarm sein. Daher ist der erste Schritt zur Blumenwiese, jegliche Düngung einzustellen!

Blumenwiesen aussäen

Die handelsüblichen preiswerten Wildblumenmischungen enthalten meist einen überwiegenden Anteil an Samen von einjährigen Pflanzen wie Kornblume *(Centaurea)*, Kamille *(Matricaria chamomilla)*, Wucherblume *(Tanacetum vulgare)* und Klatsch-Mohn *(Papaver rhoeas)*. Sie erscheinen im zweiten Jahr meist nicht wieder, da die Bedingungen für eine Selbstaussaat dieser Pflanzen eher ungünstig sind. Außerdem behindern oft schnellwüchsige Einjährige die Keimung und das Wachstum der wenigen in der Mischung enthaltenen mehrjährigen Pflanzen, so dass diese gar nicht erst in Erscheinung treten. Mit der Zeit wandern dann andere Arten ein und etablieren sich.

Möchten Sie den Bestand nicht dem Zufall überlassen, können Sie sich Ihre eigene Mischung zusammenstellen.

> **Den Boden auf Diät setzen**
> Zur Abmagerung können Sie in den Boden Sand einbringen. Wenn Sie sich bis zur Anlage der Blumenwiese etwas Zeit lassen möchten, pflanzen Sie doch im Frühjahr Kartoffeln auf der Fläche an. Sie werden im Herbst geerntet, lockern den Boden und entziehen ihm einen Teil der Nährstoffe. Die neue Ansaat kann dann entweder im zeitigen Herbst bei milden Temperaturen oder besser im darauf folgenden Frühjahr erfolgen.

Rasenflächen neu anlegen

Artenreiche Blumenwiese im Hausgarten.

Dazu gehören schwach wachsende, horstbildende Gräser wie Rot-Schwingel *(Festuca rubra* subsp. *rubra)*, Wiesen-Rrispe *(Poa pratensis)*, Kammgras *(Cynosurus cristatus)* und Goldhafer *(Trisetum flavescens)* – etwa 3–4 g/m^2 – sowie verschiedene Wiesenkräuter. Letztere können Sie in Form von speziellem, zertifiziertem Qualitätssaatgut in Mischungen erwerben. Sie enthalten vor allem mehrjährige Pflanzen, die zu unterschiedlichen Jahreszeiten blühen und somit das ganze Jahr über einen schönen Anblick bieten.

Zunächst werden die Wiesenkräuter mit einem kleinen Anteil von einjährigen Pionierpflanzen wie Kornblume *(Centaurea)*, Klatsch-Mohn *(Papaver rhoeas)* oder Wucherblume *(Tanacetum)* ausgesät. Sollten sich diese Pflanzen zu stark entwickeln, können sie leicht ausgedünnt werden. Danach werden die Gräsersamen vorsichtig zwischen die bereits entwickelten Kräuter gesät. Ist der Boden noch zu nährstoffreich, werden sich die Kräuter im Gegensatz zum Gras nur zögerlich entwickeln. In der ersten Zeit sollten Sie gerade in diesem Fall öfter mähen und das Schnittgut in jedem Fall abräumen. Durch den Massenverlust werden die Pflanzen zum Wachstum angeregt, für das sie wiederum Nährstoffe verbrauchen. Außerdem kommen so auch die schwachwüchsigen Pflanzen zum Zuge. Daher ist es günstig, auch blühwillige, robuste Kräuter auszusäen, die sicher zur Nachblüte kommen. Im zweiten Jahr wird der Anteil der Pionierpflanzen stark zurückgehen und nun können sich die mehrjährigen Kräuter und die Gräser entfalten.

Bei der Aussaat hochwertiger Wildblumen-Mischungen muss auf jeden Fall der richtige Saatzeitpunkt beachtet werden. Er liegt entweder im zeitigen Frühjahr oder im Herbst, denn viele der in der Mischung enthaltenen Arten benötigen einen Kältereiz als Keimbedingung. Als Alternative können Sie die Mischung für ein paar Tage im Kühlschrank aufbewahren, was denselben Effekt erzeugt.

Sollten Sie auf blühende Stauden in der Wiese Wert legen und nicht lange auf deren Blühzeit warten wollen, können Sie diese auch vorgezogen einpflanzen.

Die Knollen und Zwiebeln vieler Frühjahrsblüher kann man außerdem schon im Herbst des Vorjahres einpflanzen.

Rasenflächen zu Blumenwiesen umwandeln

Bestehende Rasenflächen können langsam in Blumenwiesen umgewandelt werden, indem zunächst die Düngung eingestellt und seltener gemäht wird. Meist sind in den betreffenden Flächen bereits Wildkräuter vorhanden, die Sie vor dem ersten Mähgang aussamen lassen sollten. Die Anzahl der Schnitte ist von fünf im ersten auf zwei im zweiten Jahr zu reduzieren. Bei sehr mageren Böden kann unter Umständen auch ein Schnitt im August genügen. Dies ist dann auch die Anzahl der Schnitte in den Folgejahren. Das Mähgut sollte stets entfernt werden, damit es nicht in den biologischen Kreislauf gelangt und damit dem Boden die Nährstoffe konstant entzogen werden. Die Vegetation einer Blumenwiese stellt sich auf den umgestalteten Rasenflächen schnell von selbst ein: Löwenzahn *(Taraxacum)*, Gänseblümchen *(Bellis)*, Hornklee *(Lotus corniculatus)*, Weißklee *(Trifolium repens)* und viele andere Arten werden von außen eingetragen. Man kann diesen Prozess durch die gezielte Aussaat erwünschter Kräuter natürlich noch beschleunigen.

Sie müssen sich beim Entschluss zu einer Blumenwiese darüber im Klaren sein, dass Sie das gewünschte Ergebnis nicht von heute auf morgen erzielen, und dass sich die Vegetation der Wiese schon bei kleinen Änderungen im Wasser- und Nährstoffhaushalt oder der Sonneneinstrahlung verschieben kann. Früher oder später wird sich aber eine Pflanzengesellschaft etabliert haben, die in ihrer grundsätzlichen Zusammenstellung Bestand hat. Darauf können Sie nur in bescheidenem Umfang, zum Beispiel über gezielte Nachsaaten, Einfluss nehmen. Dies bedeutet dann allerdings auch einen Eingriff in die natürlichen Abläufe.

Ähnlich wie der Rasen mögen es auch die Blumenwiesen hell und sonnig. Ist diese Anforderung nicht erfüllt, verschiebt sich die Artenzusammensetzung entsprechend der Umweltbedingungen und es entsteht mit der Zeit eine Flora, wie sie in Wäldern als Unterwuchs zu finden ist. Die Restbestände der Blumenwiese sind eher lückenhaft und der Gesamteindruck wirkt nicht mehr sehr ansprechend. Für Schattenlagen empfiehlt es sich daher, über Alternativen nachzudenken.

Unebenheiten ausgleichen

Auf einer bestehenden Rasenfläche treten vor allem dann stellenweise immer wieder Unebenheiten auf, wenn zwischen den Vorbereitungen der Aussaatfläche und der Neuansaat die Ruhephase nicht eingehalten wurde. Ungleichmäßige Rasentragschichten erschweren die Pflegemaßnahmen und können durch die Bildung von Staunässe zu Rasenkrankheiten führen. Daher sollten Sie **kleine Vertiefungen** frühzeitig egalisieren, indem Sie vom betroffenen Bereich eine Rasensode abstechen, flach anheben und die Senke mit einem Erde-Sand-Gemisch unterfüttern. Die Grassode wird dann wieder aufgelegt und in der Folgezeit bei fehlendem Regen regelmäßig bewässert. Die ausgebesserte Stelle sollte für 10 bis 14 Tage nicht

Rasenflächen neu anlegen

Ausbessern von kleinen Vertiefungen im Boden.

betreten oder gemäht werden, um den Wurzeln genügend Zeit zu geben, wieder mit dem Untergrund zu verwachsen. Da solche Parzellen nach der Reparatur meist nicht ohne weiteres wiederzuerkennen sind, ist es günstig, sie beispielsweise mit Holzpflöcken zu markieren. Bei **starken Vertiefungen**, wie sie durch mechanische Belastungen vor allem bei feuchtem Boden entstehen, muss der Untergrund zunächst gelockert werden. Das geschieht durch tiefes, dicht beieinander liegendes Einstechen und Anheben des Erdreichs mit einem Spaten oder maschinell, beispielsweise mit einem Aerifiziergerät (siehe Seite 67). Je dichter die Einstiche beieinander liegen, umso effektiver ist die Maßnahme.

Ab und zu treten vor allem auf älterem Gelände **einzelne Erhebungen** auf. Zur Einebnung wird die Grasnarbe wiederum mit dem Spaten in Form einer Sode abgestochen. Das darunter liegende Erdreich wird mit einer Grabegabel oder einem Eisenrechen gelockert und die überschüssige Erde abgetragen. Danach wird die Grassode wieder aufgelegt und angegossen.

Großflächige Unebenheiten sind etwas aufwändiger zu bearbeiten. Hier bringt man ein Erde-Sand-Gemisch im Mengenverhältnis 1:1 breitwürfig auf der betreffenden Fläche aus, ohne den bestehenden Rasen ganz zuzudecken und zu begraben. Dieser sollte vor der Behandlung nicht mehr gemäht werden, um den Pflanzen nicht den Zugang zum Licht zu nehmen. Die Erde-Sand-Mischung wird dann mit einem Egalisiergerät gleichmäßig verteilt, wozu sich auch eine beschwerte Leiter oder Baustahlmatte eignet. Die betroffene Fläche sollte bei zu wenig Niederschlägen in den nachfolgenden Wochen ausreichend beregnet werden. Der ganze Vorgang kann bis zu dreimal in der Saison wiederholt werden und muss eventuell auch mit partiellen Nachsaaten an besonders stark gesenkten Stellen kombiniert werden. Wenn eine Nachsaat absehbar ist, sollte die alte Grasnarbe komplett abgetragen und neu mit Boden aufgefüllt werden.

Rasenpflege

Mähen

Regelmäßiges Mähen ist ein wichtiges Kapitel im Maßnahmenkatalog der Rasenpflege. Durch den Schnitt wird nicht nur das Gras kurz gehalten, sondern auch die Vegetation des Rasens gezielt gesteuert.

Die Artenzusammensetzung eines häufig gemähten Rasens ist mit der Vegetation einer Weide vergleichbar: Die Weidetiere selektieren die Pflanzen durch ständigen Fraß und Tritt. Übrig bleiben solche Arten, die sich unter diesen Bedingungen schnell regenerieren können, robust sind und als Fraßpflanze verschmäht werden. Das sind vor allem Ausläufer bildende Untergräser. Wird eine Weide länger nicht belegt, setzen sich Samen bildende Obergräser durch, Kräuterpflanzen wandern ein und aus der kurz gefressenen Weide wird eine hoch wachsende Blumenwiese. Durch erneute Beweidung ist dieser Vorgang wieder umkehrbar.

Auf dem Rasen übernimmt der Rasenmäher die Aufgabe der Weidetiere. Natürlich benötigt diese Entwicklung eine gewisse Zeit, allein durch mehrmaliges Mähen kann man aus einer bunten Sommerwiese noch keinen Sportrasen machen. Außerdem genügt es ebenfalls nicht, den Rasen einfach öfter und besonders kurz zu schneiden. Diesen Substanzverlust verkraften die Pflanzen auf Dauer nicht und gehen über kurz oder lang ein.

Das Mähen an sich ist aus physiologischer Sicht gesehen zunächst einmal eine Verletzung der Pflanze, die eine Eintrittspforte für Krankheitserreger sein kann. An der Schnittstelle kommt es zudem noch zu einem Wasserverlust, die Produktion der Stoffwechselprodukte und Vorratsstoffe in den Blättern kommt vorübergehend zum Stillstand. In der Folge muss die Pflanze genügend Wasser und Nährstoffe verfügbar haben, um diesen Massenverlust ausgleichen und ihre Stoffwechselvorgänge wieder in Gang bringen zu können. Das Mähen bedeutet für die Graspflanze aber keinen lebensbedrohlichen Eingriff. Die meisten Rasengräser entstammen ursprünglich dem Grünland, wo sie durch die Beweidung kurz gehalten wurden. Sie haben sich an diese Art des Verlustes von Blattmasse gewöhnt und können gut damit umgehen. Sie reagieren auf den Schnitt mit besonderen Wuchsformen, indem sie sich anschließend bestocken, so dass sich

> **Auf die Mischung kommt es an!**
> Zweckgerichtete Rasentypen kommen nicht allein durch die Art der Pflege zustande. Nur über eine gezielte Ansaat mit den dafür geeigneten Sorten kann Ihr Rasen den gewünschten Anforderungen entsprechen.

Rasenpflege

Mähhäufigkeit und Schnitthöhe in Abhängigkeit von der Rasennutzung		
Art der Nutzung	Schnitthöhe in cm	Mähhäufigkeit pro Jahr
Gebrauchsrasen	6–10	16–20
Spielrasen	6–10	8–10
Funktionsrasen	6–12	8–10
Parkplatzrasen	6–10	8–10
Zierrasen	4–7	25–30

die Anzahl der Triebe erhöht. Manche Arten neigen verstärkt zur Horstbildung, was ebenfalls zu einer dichtere Rasennarbe führt. Durch den Schnitt werden auch die Halme entfernt, die nach einer Zeit des Wachstums eigentlich Blütenstände tragen würden, so dass die Gräser bei regelmäßigem Schnitt nicht zur Blüte kommen und ihre Energie für das Wachstum einsetzen. Die Gewöhnung an den Mähvorgang bedeutet aber nicht, dass man beliebig tief schneiden darf!

Die Häufigkeit des Mähens wird durch die angestrebte Nutzung, eventuelle Rasenprobleme wie Moosbefall und Fremdkräuter sowie den Arbeitsaufwand bestimmt. Letzterer ist ein zweischneidiges Schwert: Bei häufigem Mähen fällt wenig Schnittgut an. Unter Umständen kann man es wie Mulch liegen lassen und entgeht dem mühsamen Abräumen mit dem Rechen (siehe Seite 50). Wer lieber auf den einen oder anderen Mähgang verzichtet, spart zwar Zeit bei der Rasenpflege, muss aber mehr Mähgut beseitigen.

Die Mähsaison

Der erste Schnitt der Saison kann schon im März nötig sein, wenn das Wachstum bei lauem Frühlingswetter zeitig einsetzt. Falls in Ihrem Rasen

Faustregeln beim Rasenmähen:
– Es darf maximal ein Drittel der Blattmasse entfernt werden. Einen weiteren Massenverlust können die Pflanzen nur schwer ausgleichen, sie werden geschwächt und anfällig gegen Krankheiten.
– Je tiefer der Schnitt, desto besser muss die Bodenqualität sowie die Wasser- und Nährstoffversorgung sein.
– Mähen Sie Böschungen quer zum Hang.
– Mähen Sie immer mit einer Radbreite Überstand, damit Sie eine übergangslose, streifenfreie Schnittfläche erhalten. Bis Sie das Fingerspitzengefühl dafür haben, können Sie eine Markierung am Rasenmäher anbringen.
– Mähen Sie nie bei Nässe. Die Gräser werden dann stärker verletzt als nötig und die Grasnarbe ist ungleichmäßig. Auch verstopft der Rasenmäher schneller. Kritisch wird es, wenn die Räder in Folge der Feuchtigkeit einsinken. Dies führt zu zusätzlichen Schäden an den Rasenpflanzen.

Motorrasenmäher erleichtern die Mäharbeit bei größeren Rasenflächen.

Rasenpflege

Ungünstige Standortbedingungen: Gehölze, die dem Rasen Wasser entziehen und Schatten werfen.

Frühjahrsblüher wie Narzissen, Tulpen und Hyazinthen stehen, sollten Sie deren Blätter erst schneiden, wenn sie nach dem Blühen braun geworden sind, damit die Zwiebeln im darauf folgenden Jahr wieder kräftig und vollzählig austreiben können. Fahren Sie also Slalom oder mähen Sie mit dem Handmäher nach.

Im Hochsommer bei Hitze- und Trockenstress tun Sie Ihrem Rasen einen Gefallen, wenn Sie ihn seltener mähen und die Schnitthöhe nach oben verstellen. Die längeren Gräser beschatten den Boden besser und dieser trocknet nicht so schnell aus. Außerdem erschwert die Wasserknappheit den Pflanzen den Ausgleich des Massenverlustes. Jedes Mal, wenn das Gras seltener gemäht wurde, zum Beispiel nach dem Urlaub, sollte maximal die Hälfte der Gesamthöhe geschnitten werden. In den nachfolgenden Mähgängen, die mehrere Tage auseinander liegen müssen, kann die Schnitthöhe in Etappen langsam gesenkt werden.

Die Mähperiode zieht sich bis in den Herbst. Auch dann kann warmes Spätherbstwetter das Wachstum der Gräser bis zum Oktober in Gang halten. Der letzte Schnitt sollte bei etwas geringerer Schnitthöhe erfolgen als während des Jahres. Danach muss auch sämtliches Schnittgut und Laub vom Rasen entfernt werden, da sich sonst Pilze etablieren können. Es gibt Pilzarten, die sich bevorzugt bei tieferen Temperaturen entwickeln. Da es im Herbst und Winter immer ausreichend Niederschläge für ein optimales Pilzwachstum gibt, können unter Laub- und Grasresten unschöne Krankheitsherde entstehen, die sich in aller Stille bis zum Frühjahr ausbreiten und dann mühsam und aufwändig entfernt werden müssen.

Rasenmäher

Die Wahl eines geeigneten Mähers sollten Sie von der Art Ihres Rasens, der Größe und Lage der Rasenfläche sowie Ihrer körperlichen Konstitution abhängig machen. Das Rasenmähen kann unter Umständen zu einer Kräfte zehrenden Angelegenheit werden.

Das preiswerteste Gerät zum Grasschneiden ist die **Sense**. Sie wird von Kennern auf jeden Fall für den Schnitt von Blumenwiesen empfohlen. Angesichts der hoch wachsenden Pflanzen erliegen die meisten elektrischen und benzinbetriebenen Rasenmäher dieser Aufgabe. Der Umgang mit der Sense erfordert allerdings Geschick und Kondition, um ein befriedigendes Ergebnis zu bekommen. Für den Hausrasen mit

Mähen

> **Sicherheitshinweis**
> Rasenmäher sind gefährliche Arbeitsgeräte! Tragen Sie beim Mähen unbedingt festes Schuhwerk, auch wenn es noch so heiß ist, und lassen Sie bitte kein Kind zum Spaß mal eine Runde mähen! Bitte ziehen Sie bei elektro- und benzinbetriebenen Geräten immer den Stecker oder schalten Sie den Motor aus, wenn kleine Störungen auftreten oder Reinigungsarbeiten während des Mähvorgangs anstehen!

Ausreichend für kleinere Rasenflächen: der Spindelmäher.

normaler Wuchshöhe ist die Sense nur eingeschränkt empfehlenswert. Ein ungeübter Mäher erzeugt kein optisch ansprechendes Schnittbild und hinterlässt eine eher zerrupfte als geschnittene Rasenfläche. Die großen Schnittverletzungen der Gräser stellen außerdem eine Pforte für Krankheitserreger dar.

Die maschinelle, benzinmotorbetriebene Alternative zur Sense ist der **Balkenmäher**. Er hat vor der Achse einen oder zwei Messerbalken, deren Messer dreieckig geformt sind. Sie bewegen sich parallel zur Achse. Der Balkenmäher eignet sich wie die Sense vor allem für den Schnitt von hohem Gras. Die Messer sind einfach nachzuschleifen, aber die Schnitthöheneinstellung ist ziemlich kompliziert. Niedrige Schnitthöhen sind nicht möglich, daher ist er für den normalen Rasen nicht geeignet. Außerdem ist er nicht sonderlich wendig und deshalb für verwinkelte Flächen oder solche mit Sträuchern und Bäumen nur bedingt einsatzfähig.

Der **Spindelmäher** funktioniert unter Einsatz von Muskelkraft. Er schneidet

Das gleichmäßige Mähen mit der Sense will geübt sein.

Rasenpflege

mit einer rotierenden Messerwalze, der Spindel, und einem fest stehenden Untermesser, so dass der Mähvorgang mit einem Scherenschnitt vergleichbar ist. Die Spindel schneidet glatt und sauber, wobei die Ausgangshöhe von 8 cm nicht überschritten werden sollte. Sie sollten beim Kauf darauf achten, dass Sie die Schnitthöhe leicht verstellen können und der Mäher leise und leicht zu schieben ist. Manche Geräte sind mit einem Grasfangkorb ausgestattet, um den Arbeitsgang des Rechens zu ersparen. Die Messer müssen regelmäßig nachgeschliffen werden, sobald die Rasenfläche nach dem Mähen keinen glatten, gleichmäßigen Anblick mehr bietet und vielleicht auch büschelweise Gras stehen bleibt.

Im Privatgartenbereich ist der motorbetriebene **Sichelmäher** der am häufigsten verwendete Mähertyp. Er eignet sich besonders für Flächen, die eine maximale Schnitthöhe von 15 cm haben. Je nach Modell variiert die Schnittbreite zwischen 30 und 55 cm. Das Sichelmähwerk besteht aus rotierenden Messern, die natürlich mit der Zeit ebenfalls abstumpfen und dann beim Mähen die Grasspitze ausfransen. Dies macht nicht nur einen struppigen Gesamteindruck, sondern schafft durch die ausgedehntere Verletzungsoberfläche am Gras auch ein größeres Risiko des Eindringens von Krankheitserregern. Daher müssen auch diese Messer regelmäßig geschliffen werden. Sichelmäher werden mit zwei Antriebsvarianten angeboten: als elektro- und benzinbetriebener Typ. Für Flächen bis etwa 500 m^2 können Sie einen **Elektrorasenmäher** anschaffen, vorausgesetzt, Sie verfügen über genügend Stromanschlüsse im Außenbereich. Bei fehlenden Steckdosen ist es umständlich und auch gefährlich, mit Verlängerungskabeln arbeiten zu müssen, da das Elektrokabel an sich schon ein gewisses Risiko darstellt. Grundsätzlich sollten Sie das Kabel an einer Sicherheitshalterung am Mäher befestigen, um zu verhindern, dass es in die Reichweite der Messer gelangt. Mittlerweile sind Sicherheitsschalter Standard – sie garantieren, dass die Messerbalken still stehen, wenn der Schalter losgelassen wird. Sollten Sie die Arbeit für einen längeren Zeitraum unterbrechen und sich vom Gerät entfernen, stecken Sie das Kabel aus Sicherheitsgründen auf jeden Fall aus. Ein weiteres Kriterium, das gegen einen Elektromäher spricht, sind im Rasen verteilte Anpflanzungen wie Bäume und Sträucher sowie verwinkelte Rasenflächen. Hier wird das Manövrieren beim Mähen durch ein Kabel erschwert, das durch seine Länge ohnehin schon einen begrenzten Aktionsradius vorgibt. Bei der Standardausrüstung ist meist ein Grasfangkorb dabei. Achten Sie auch auf eine einfach zu bedienende Schnitthöheneinstellung. Hilfreich ist auch eine Griffhöhenverstellung, zum Beispiel für das Mähen unter Bäumen oder ausladenden Sträuchern sowie für den Gebrauch durch mehrere Personen unterschiedlicher Körpergröße. Die meisten Elektrorasenmäher sind nicht so leistungsstark wie die benzinbetriebenen Modelle. Günstig ist daher eine Schnitthöhe von nicht mehr als 10 cm. An Hanglagen dagegen sind Elektrorasenmäher auf Grund ihres gerin-

Mähen

ren Gewichtes im Vergleich mit Motorrasenmähern auf jeden Fall von Vorteil. **Akkugespeiste Elektromäher** sind wegen ihrer begrenzten Ladekapazität nur für kleine Flächen geeignet und erfordern einen hohen Wartungsaufwand. Vorteilhaft ist, dass sie besonders geräuscharm sind und vollautomatisch laufen.

Der **Benzinrasenmäher** eignet sich auch für größere, verwinkelte Flächen und hat eine höhere Mähleistung, die auch Rasenhöhen von mehr als 10 cm gewachsen ist. Dieser Mähertyp war lange Zeit als laut und stinkend verrufen, aber in den letzten Jahren wurden leisere, sparsamere und schadstoffärmere Ausführungen entwickelt. Dennoch haben auch diese neuen Geräte einen gewissen Schadstoffausstoß und sind lauter als die Elektrovarianten. Allerdings besitzt der Motorrasenmäher bei ausreichendem Benzinvorrat eine fast unbegrenzte Reichweite. Auch hier gehört der Grasfangkorb mittlerweile zur Grundausstattung. Der Sicherheitsschalter, der beim Loslassen des Griffs den Motor abstellt, ist ebenfalls Standard. Natürlich gibt es beim Motorrasenmäher zwangsläufig auch Wartungsarbeiten, die das reibungslose Funktionieren des Gerätes gewährleisten. So brauchen sie einen regelmäßigen Ölwechsel – achten Sie beim Kauf darauf, dass dieser, ebenso wie das Nachschleifen der Messer, einfach zu bewerkstelligen ist. Empfehlenswert ist auch die Inanspruchnahme eines regelmäßigen Kundendienstes, da Benzinrasenmäher im Laufe der Zeit reparaturbedürftiger werden als Elektrorasenmäher. Wie bei jedem anderen Gerät können Sie aber auch durch eine regelmäßige Reinigung zum längeren Erhalt des Rasenmähers beitragen. Der Motorblock sollte nie mit dem Wasserschlauch oder einem Hochdruckreiniger gereinigt werden. Am besten verwenden Sie langstielige Besen, Pinsel oder andere Reinigungsgeräte.

Der **Mulchmäher**, ein modifizierter Spindelmäher, zerkleinert das anfallende Schnittgut so fein, dass es als natürlicher Dünger liegen gelassen werden kann und so kein Nährstoffaustrag aus dem Rasen stattfindet. Die Grasreste fallen idealerweise zwischen die stehenden Halme und werden wieder zersetzt.

Die meisten Mulchmäher lassen sich zu herkömmlichen Rasenmähern (Spindelmäher) umbauen – das ist praktisch, wenn der Rasen doch einmal zu hoch geworden ist. Mulchmäher gibt es benzinbetrieben und mit

Was Sie beim Mulchen unbedingt beachten sollten:
– Der Rasen muss relativ häufig geschnitten werden, damit nicht zu viel Schnittgut anfällt und die einzelnen Grashalme nicht zu lang sind.
– Der Rasen muss beim Mähen trocken sein, damit das Schnittgut gleichmäßig auf der Rasenfläche verstreut wird. Nasses Mähgut klumpt und bleibt an den Halmen kleben.
– Während der Verrottung darf keine schmierige Schicht auf der Bodenoberfläche entstehen, sonst bildet sich ein undurchlässiger Filz.

Rasenpflege

Rasenmäher im Überblick: Anwendung, Vor- und Nachteile			
Mähertyp	Anwendungsbereich	Vorteile	Nachteile
Sense	– Blumenwiesen und hoch gewachsenes Gras – maximale Flächengröße bei durchschnittlicher Kondition: 200 m²	– erfasst hohe Pflanzen sauber, ohne sie umzulegen – auch in Hanglagen und auf verwinkelten Flächen einsetzbar	– erfordert Übung für einen sauberen Schnitt – je nach Flächengröße zeitaufwändig und anstrengend
Balkenmäher	– Blumenwiesen und hoch gewachsenes Gras	– gute Arbeitsleistung auf großen Flächen – sauberes Schnittbild	– keine niedrigen Schnitthöhen – nicht geeignet bei verwinkelten Flächen
Spindelmäher (handbetrieben)	– kurz geschnittener Hausrasen – empfohlene maximale Flächengröße: 100 m²	– preiswert – kann zu Elektrobetrieb aufgerüstet werden – sauberes Schnittbild – für Hanglagen geeignet (geringes Gewicht)	– je nach Flächengröße zeitaufwändig und anstrengend – maximale Schnitthöhe: 8 cm
Spindelmäher (motorbetrieben)	– kurz geschnittener Haus- und Sportrasen	– sehr gute Schnittqualität – auch für größere Flächen geeignet	– Abgasausstoß – Lärmbelästigung – teuer in Anschaffung und Unterhaltung – maximale Schnitthöhe: 8 cm
Sichelmäher (Elektromotorbetrieben)	– kurz geschnittener Hausrasen – empfohlene maximale Flächengröße: 500 m²	– keine Abgase – geräuscharm – für gemäßigte Hanglagen geeignet – im Vergleich zu Motormähern: preiswerter in Anschaffung, Wartung und Unterhaltung	– Elektroanschluss erforderlich – verwinkelte Flächen können Kabelführung erschweren – im Vergleich zu Motormähern: weniger leistungsfähig

Mähen

Rasenmäher im Überblick: Anwendung, Vor- und Nachteile (Fortsetzung)			
Mähertyp	Anwendungsbereich	Vorteile	Nachteile
Sichelmäher (Benzinmotor-betrieben)	– kurz geschnittener Hausrasen – empfohlene maximale Flächengröße: 500 m²	– auf verwinkelten Flächen gut einsetzbar – im Vergleich zu Elektromähern: leistungsfähiger – maximale Schnitthöhe: 10 cm	– Abgasausstoß – Lärmbelästigung – im Vergleich zu Elektromähern: teurer durch das Benzin sowie aufwändigere Wartung – in Hanglagen nur bedingt einsetzbar (hohes Gewicht)
Mulchmäher (modifizierter Spindelmäher)	– kurz geschnittener Hausrasen	– Nährstoffe werden dem Rasen über das Schnittgut zurückgeführt – Umbau zum herkömmlichen Mäher möglich	– zur Nährstoff-Rückführung häufiger Schnitt nötig – im Vergleich zu herkömmlichen Geräten: teurer und zeitaufwändiger
Aufsitzmäher (motorbetrieben)	– große Flächen wie Parkanlagen	– auf großen Flächen hohe Arbeitsleistung und Zeitersparnis	– Abgasausstoß – Lärmbelästigung – teuer – ungeeignet in hügeligem Gelände
Akku – Elektromäher	– kurz geschnittener Hausrasen	– geräuscharm – unabhängig von Stromzufuhr – kabellos und bequem durch Akkus – für verwinkelte Flächen	– begrenzte Ladekapazität der Akkus – hoher Wartungsaufwand – hohes Gewicht

Elektromotor. Auf alle Fälle sind sie um einiges teurer als die herkömmlichen Geräte.

Neben den beschriebenen gängigen Mähertypen gibt es darüber hinaus noch weitere, weniger verbreitete Modelle. So werden für sehr große Flächen auch **Aufsitzmäher** für die verschiedenen Mähertypen angeboten. Für den normalen Hausgarten sind sie nicht wendig genug und schlicht und einfach überdimensioniert.

Rasenpflege

Blitzblank in den Winter

Ehe Rasenmäher in den Winter gehen, sollten sie besonders gründlich gereinigt werden. Alle blanken und beweglichen Metallteile müssen geölt werden. In den Wintermonaten können dann auch die Messer geschliffen und bei benzinbetriebenen Mähern der Ölwechsel vorgenommen werden. Wartungsarbeiten sollten Sie grundsätzlich nicht auf dem Rasen durchführen, da auslaufendes Öl und Benzin toxisch auf Pflanzen wirkt und das Gras an den betroffenen Stellen abtötet.

Ergänzende Geräte für die Rasenpflege

Rasenbesen/Laubrechen

Sollten Laubbäume oder Hecken auf Ihrem Rasen stehen, so ist der Fächerbesen eine gute Anschaffung, um im Herbst das anfallende Laub oder größere Äste zu entfernen. Das Handgerät mit langem Stiel und gefächerten Stahlzungen ist allerdings weniger gut zum Zusammenrechen von Gras geeignet, da die sich bildenden Grasschnittwalzen immer wieder unter den flexiblen Metallfächern herausspringen. Verwenden Sie deshalb einen Rechen mit stabilen, starren Metallzinken. Mit einem Rechen können wiederum kleinere Laubmengen ohne weiteres entfernt werden.

Kantenstecher

Der Kantenstecher mit langem Stiel und halbmondförmigem Metallschneider ermöglicht ein Begradigen des Rasens entlang von Beeten und Wegen und ist besonders bei verwinkelten Rasenflächen empfehlenswert. Der Kantenstecher kann durch einen Spaten ersetzt werden, der durch seine gebogene Form allerdings keine völlig gerade Schnittkante erzeugt. Außerdem erfordert die Einhaltung einer einheitlichen Schnitttiefe eine gewisse Übung.

Rasentrimmer/Freischneider

Sie können an Stellen eingesetzt werden, die für den Rasenmäher nicht zugänglich sind – schmale Streifen, unter Sträuchern und Hecken etc. – oder wo ein Nachschnitt notwendig ist. Es gibt sie in der Elektroausführung mit Kabel oder Akku und hohem Griff. Sie schneiden mit einem rotierenden Nylonfaden, der bei teureren Geräten automatisch verlängert wird. Bei der Anwendung sollten Sie die Sicherheitshinweise für dieses Gerät genau beachten, da das Schnittgut mit hoher Geschwindigkeit fortgeschleudert wird. Achten Sie auf jeden Fall auf geschlossenes, festes Schuhwerk und eng anliegende Hosen. Setzen Sie beim Abholzen von krautigen, höher wachsenden Pflanzen auf jeden Fall eine Brille auf, um sich vor umherschleudernden

Holzrechen, Metallrechen, Laubbesen.

Mähen

Pflanzenteilen zu schützen. Im Fachhandel gibt es spezielle Schutzbrillen mit seitlicher Abschirmung.

Akkuscheren
Die meisten Akkuscheren haben eine begrenzte Einsatzdauer und das Nachladen dauert zwischen 12 und 16 Stunden. Sie sind auch nur für kleine Flächen, z. B. Beetkanten, oder zum Nachschnitt kleinerer Zonen geeignet, da sie meist als Handgeräte ohne Stiel erhältlich sind. Optimal funktionieren diese Scheren nur bei trockenem Gras und wenn sie nicht durch hartes Schnittgut abgenutzt werden. In diesem Fall können Sie neue Messer einsetzen lassen, im Vergleich zum Neupreis lohnt sich ein Nachschliff meist nicht.

Rasenkantenstecher mit halbmondförmiger Schnittfläche.

Spaten, Grabegabel, Rechen
Diese Geräte gehören praktisch zur Grundausstattung eines jeden Gärtners und können manchmal ein Spezialgerät ersetzen, wenn dieses zu teuer ist oder nur selten gebraucht wird. Auch bei diesen Geräten gibt es ein breites Angebot an qualitativ unterschiedlichen Ausführungen, wobei sich in diesem Fall sicher die stabilste Ausführung über eine lange Lebensdauer bezahlt macht.

Rasentrimmer für Randbereiche und schwer zugängliche Stellen.

Bewässern

Warum muss bewässert werden?

Obwohl in unseren Breiten die Jahresniederschläge für Grünflächen im Normalfall ausreichen, gibt es Gegebenheiten, die eine zusätzliche Beregnung unumgänglich machen.

Akkuschere für die Feinarbeiten.

Rasenpflege

Rasenflächen auf **Sandböden** reagieren sehr schnell auf Trockenheit, die Graspflanzen werden braun und sterben ab. Das liegt am geringen Wasserhaltevermögen des sandigen Untergrundes. Vor allem in ausgetrockneten Böden versickert das Wasser in tiefere Schichten, wo es den Pflanzen nicht mehr zur Verfügung steht. Die Regeneration einer vertrockneten Rasenfläche auf sandigem Boden ist relativ zeit- und arbeitsaufwändig, da die Voraussetzungen für eine natürliche Gesundung durch erneutes Austreiben ungünstiger sind als beispielsweise bei lehmigen Böden mit einer weitaus höheren Wasserspeicherkapazität.

Neben den Bodenverhältnissen sind es auch die **Wetterbedingungen**, die eine Beregnung notwendig machen. Im Hochsommer treten bei einer Kombination aus längeren Trockenperioden und starker Sonneneinstrahlung schnell Dürreschäden auf. Am besten sollten Sie abends oder am sehr frühen Morgen bewässern, wenn die Sonne nicht scheint. Ansonsten können durch den so genannten „Brennglaseffekt" ganze Rasenpartien verbrennen. Außerdem bekommen die Pflanzen einer aufgeheizten Rasenfläche durch das Beregnungswasser einen regelrechten Kälteschock.

Nach der **Düngung** wird ebenfalls ausreichend Wasser benötigt, damit der Dünger aufgelöst und mit dem Wasserstrom in den Wurzelraum transportiert wird. Ansonsten können ebenfalls Verbrennungsschäden entstehen. Im Zweifelsfall sollten Sie lieber ein bisschen zu viel als zu wenig gießen.

Ein weiterer Grund für eine ausreichende Bewässerung ist die **Wurzeltiefe** der Gräser. Stehen den Pflanzen nur geringe Wassermengen zur Verfügung, die sie nur in den oberen Zentimetern der Rasentragschicht finden, beschränken sie ihr Wurzelwachstum auf diese wasserhaltende Zone. Die flache Bewurzelung führt dazu, dass die Gräser empfindlich auf Trockenheit in der oberen Bodenschicht reagieren. Tief wurzelnde Pflanzen haben den Vorteil, bei Trockenheit in untere Zonen vordringen zu können, in denen genügend Wasser als Kapillarwasser zur Verfügung steht. Das ist allerdings nur möglich, wenn sie schon vor der Trockenheit eine Bewurzelungstiefe von mindestens 10 cm erreicht haben. Und das schaffen sie nur bei ausreichender Bewässerung.

Auch **Neuansaaten** und **Nachsaaten** sollten grundsätzlich bewässert werden, um den Keimvorgang in Gang zu setzen und die frühe Entwicklungsphase der Graspflanzen am Laufen zu halten (siehe Seite 30ff.).

In **Hanglagen** profitieren die am Fuße des Hanges liegenden Rasenflächen oder Beete vom natürlichen Abfluss der Niederschläge, während an

> **Der Brennglaseffekt**
> Wassertropfen können bei hoher Sonneneinstrahlung wie Brenngläser wirken. Sie bündeln die einfallenden Sonnenstrahlen und verursachen starke Verbrennungen auf den Blättern. Solche Schäden treten nicht nur bei unsachgemäßer Beregnung auf, sondern auch bei der Ausbringung von Flüssigdüngern zu ungünstigen Zeitpunkten.

Schwenkregner für große Flächen.

der oberen Hangkante Wasserdefizite entstehen können. Auch geringfügig tiefer liegende Beete können für einen Wasserentzug aus den angrenzenden Rasenabschnitten verantwortlich sein. Bewässern Sie geneigte Rasenflächen also ausgiebig.

Besondere Beachtung müssen Sie jenen Grünflächen schenken, die **unter Bäumen** liegen, da schon die Baumwurzeln dem Boden sehr viel Wasser entziehen. Im Hochsommer kann sich die Bewässerungsdauer an diesen Stellen bis auf das Doppelte steigern. Zusätzlich hängt der Bewässerungsbedarf noch vom Umfang der Bäume ab. Nehmen Sie am besten eine Sodenprobe (siehe Seite 54), um die Ein-

Rasenpflege

dringtiefe des Beregnungswassers und damit den Wasserbedarf beurteilen zu können. Lassen Sie sich von einem kleinen Baum nicht täuschen – seine unterirdischen Teile können beträchtlich weiter reichen, als es die oberirdischen vermuten lassen, so dass unter Umständen ein größeres Rasenstück vom Wasserentzug betroffen ist.

Wie viel und wann sollte bewässert werden?

Der durchschnittliche Wasserbedarf einer Rasenfläche liegt bei 15–20 l pro m^2 und Woche, wobei der obere Wert für anspruchsvolle Rasenarten wie Zierrasen gilt. Dieser Wert kann bei intensiver Sonneneinstrahlung stark ansteigen. Die Hauptbewässerungszeit fällt in die Zeit von Anfang Mai bis Mitte September.

Beregnen Sie im Hochsommer die gesamte Wassermenge in einer Gabe. Nach einem heißen Sommertag schluckt der ausgetrocknete Boden sehr viel Feuchtigkeit, die je nach Bodenstruktur schnell versickert, so dass für die Rasentragschicht bei zu knapper Beregnungszeit nicht genügend Speicherwasser übrig bleibt.

Beginnen Sie mit der Beregnung, wenn ein Fußabdruck im Rasen über einen längeren Zeitraum sichtbar bleibt. Dann reicht der Wassergehalt in der Pflanze nicht mehr aus, um sie schnell wieder aufzurichten. Ein weiteres Indiz für beginnende Trockenheit ist der sogenannte Silberglanzeffekt, der auffällt, wenn man von der Seite über die Rasennarbe schaut. Höchste Zeit für eine Beregnung wird es, wenn sich das Gras gelblich verfärbt. Eine regelmäßige, umfassende Bewässerung zu diesem Zeitpunkt kann für eine natürliche Regeneration noch ausreichen.

Bis Sie die nötigen Erfahrungswerte zum Wasserbedarf Ihres Rasens gesammelt haben, können Sie sich anfangs anhand einer **Sodenprobe** orientieren. Sie schneiden dafür mit einem Taschenmesser eine kleine, 10 cm tiefe Rasensode aus und überprüfen diese auf ihren Feuchtigkeitsgehalt. Sind die obersten 3 cm trocken, sollten Sie etwa 1 Stunde beregnen, bei 5 cm Trockentiefe 1,5 Stunden.

Trinkwasser sparen

Die meisten Hobbygärtner besitzen die entsprechenden Einrichtungen für eine optimale Wasserversorgung der Rasenflächen. Was sich bei einer guten Bewässerung aber schnell bemerkbar machen kann, ist der Kostenfaktor bei der Verwendung von Trinkwasser. Gerade bei großen Flächen und anspruchsvoller Bepflanzung kann es schnell teuer werden. Ein weiterer Grund zur Sparsamkeit sind knappe

Spatenprobe zur Kontrolle der Beregnungseffizienz.

Bewässern

Trinkwasserressourcen. Denken Sie bei der Beregnung über Alternativen nach. Der Handel bietet auf dem Gebiet der Regenwasserspeicherung ein recht breites Sortiment an, angefangen bei der Regentonne bis hin zu unterirdischen Tanks mit großem Speichervolumen. Weniger empfehlenswert ist die Rasenbewässerung aus Oberflächenwasser wie zum Beispiel größeren Teichen. Sie sind mit organischem Material aller Art belastet, da sie ein ökologisches System mit Pflanzenbewuchs und Tiervorkommen sind. Vor allem Algen können sich sehr schnell im Rasen etablieren. Die meisten handelsüblichen Aufbereitungs- und Filteranlagen schaffen da leider keine Abhilfe. Naheliegend wäre, einen bewässerungsintensiven Zierrasen in einen strapazierfähigeren Sportrasen umzuwandeln, der mit Wasserstress besser umgehen kann.

Kreiselregner mit verschiedenen Flächeneinteilungen.

Der richtige Umgang mit dem Schlauch
– Vor dem Rasenmähen sollte er in jedem Fall auf die Trommel gewickelt werden!
– Vor dem ersten Frost sollte das restliche Wasser ausgegossen und der Schlauch samt Schlauchwagen im Trockenen gelagert werden, Kälte und Nässe machen die Geräte brüchig!
– Auch die Wasserleitungen sollten zum Winter hin geleert und der Haupthahn im Keller abgestellt werden!

Beregnungsanlagen

Schlauch-Regner-Systeme

Bauliche Voraussetzung für die Bewässerung des Rasens ist ein Außenwasseranschluss, je nach Flächengröße und Aufteilung des Gartens sind eventuell auch mehrere nötig. Basisausrüstung der Hausgartenberegnung ist zum überwiegenden Teil der gute alte **Gartenschlauch**. Für eine einfache Handhabung empfiehlt sich die Montage eines fest installierten Wandhalters für seine Aufbewahrung. Praktisch sind auch Schlauchtrommeln, die ebenfalls an der Wand montiert werden können oder sich in größeren Gärten mit Hilfe eines Schlauchwagens transportieren lassen. Beide Vorrichtungen sind in verschiedenen qualitativen Ausführungen und Preislagen erhältlich. Bei Schlauchwagen sollten Sie Wert auf Stabilität, gute Standfestigkeit und einfache Handhabung legen. Wandhalter aus Kunststoff, die ganzjährig den verschiedensten Witterungseinflüssen ausgesetzt sind, werden schnell brüchig und müssen früher ersetzt werden als solche aus korrosionsgeschütztem Metall.

Rasenpflege

Bei der Beregnung größerer Flächen kann man so genannte **Schlauchregner** einsetzen. Dies sind mit Löchern versehene Schläuche, die so durch den Rasen verlegt werden, dass er flächendeckend Wasser erhält. Die Sprühweite ist abhängig vom Wasserdruck. Diese Beregnungsart eignet sich vor allem für große, schmale oder unregelmäßig geschnittene Rasenstücke, die mit den herkömmlichen Regnern nicht optimal abgedeckt werden. Zeitaufwändig ist allerdings, dass die Schläuche vor jedem Rasenmähen weggeräumt und danach wieder verteilt werden müssen.

Am weitesten verbreitet sind die so genannten **Viereckregner**, die an den Schlauch angeschlossen werden und durch eine Drehbewegung des Düsenteils, die durch den Wasserdruck hervorgerufen wird, eine viereckige Fläche beregnen. Die Größe der beregneten Fläche kann über den Wasserdruck variiert werden.

Preisgünstiger sind **Kreiselregner**, die ebenfalls variabel einstellbar sind – je nach Fläche kann ein Voll- oder Halbkreis, ein Streifen, eine Ellipse oder ein Quadrat bewässert werden. Nachteil der Kreiselregner kann sein, dass auch Stellen beregnet werden, die das Wasser nicht nötig haben, oder dass auf großen Flächen Überschneidungen auftreten.

All diese Beregnungsarten können auch bei der Beetberegnung eingesetzt werden, wobei im Fall der Schlauchberegnung für die Beete und den Rasen jeweils ein separates Schlauchsystem verlegt werden muss – in den Beeten kann man es als permanente Einrichtung vom Frühjahr bis zum Herbst belassen, vorausgesetzt, es stört nicht bei der Bodenbearbeitung.

Versenkregner
Im Handel gibt es seit ein paar Jahren ein stetig wachsendes Angebot an unterirdisch verlegten Bewässerungseinrichtungen. Sie werden über eine unterirdische Pipeline versorgt, die das Wasser an kleine Versenkregner liefert. Diese werden durch den Wasserdruck über die Bodenoberfläche emporgehoben und dann gleichmäßig in Halbkreisen geschwenkt. Nach beendeter Beregnung senken sich die Regnerköpfe wieder ab und stören nicht bei der Nutzung und Pflege des Rasens. Im Gegensatz zu mobilen Regnern entfällt das ständige Umräumen auf der Fläche sowie der Kampf mit dem Gartenschlauch.

Alle dauerhaft installierten Regneranlagen müssen sehr genau konzipiert werden, am besten vom Fachmann, da nachträgliche Änderungen nur mit

> **Die Wahl des Beregnungssystems**
> Sicher ist eine unterirdische Bewässerungsanlage für ein paar Quadratmeter Rasenfläche überdimensioniert. Hier reicht ein Gartenschlauch, vielleicht in Verbindung mit einer Zeitschaltuhr. Auf großen Flächen erfordern Gartenschlauch sowie mobile Regner einen hohen Zeitaufwand und Präzision. Nicht zuletzt spielt auch der finanzielle Aspekt eine Rolle.

Kreiselregner für kleinere Rasenflächen.

Rasenpflege

Elektronisch gesteuerter Versenkregner.

großem Aufwand bewerkstelligt werden können. Vor allem sollten Sie darauf achten, dass es keine Überschneidungen gibt. Ebenso wenig dürfen Flächen unbewässert bleiben.

Computergesteuerte Technik
Alle Beregnungsanlagen lassen sich mit einem Computer kombinieren, der die Beregnung über eine Zeitschaltuhr in programmierbaren Intervallen steuert. Dadurch erspart man sich zeitliche Abhängigkeiten, die Urlaubsplanungen sind mit dieser Technik kein Problem mehr. Um Witterungsschwankungen auszugleichen, können diese

Vor- und Nachteile verschiedener Beregnungssysteme		
System	Vorteile	Nachteile
Schlauchregner (oberirdisch verlegt)	– preiswert – einfache Handhabung	– Schlauch muss vor dem Mähen entfernt werden
Viereckregner (oberirdisch verlegt)	– relativ preiswert – gut erhältlich – Flächenabdeckung über Wasserdruck regulierbar – einfache Handhabung	– Schlauch muss vor dem Mähen entfernt werden – bei größeren Flächen Versetzen erforderlich – präzise Einstellung nötig, um Überlappungen zu vermeiden
Kreiselregner (oberirdisch verlegt)	– variable Beregnungsfläche durch verschiedene Düseneinstellungen – für verwinkelte Flächen geeignet – Flächenabdeckung über den Wasserdruck regulierbar	– Schlauch muss vor dem Mähen entfernt werden – bei größeren Flächen Versetzen erforderlich – präzise Einstellung nötig, um Überlappungen zu vermeiden
Versenkregner (unterirdisch verlegt)	– einmalige Installation – stört weder optisch noch bei Pflegemaßnahmen – einfache Handhabung – für computergesteuerte Bedienung geeignet, da kein Versetzen nötig	– teurer als oberirdisch verlegte Schlauchregner – die Anlage muss fachgerecht und präzise eingebaut werden, um Überlappungen und Leerstellen zu vermeiden

Düngen

Systeme noch mit Regen- und Feuchtigkeitssensoren ausgestattet werden, so dass bei natürlichen Niederschlägen eine Beregnung entfällt. Die Computer lassen sich auf mehrere, unterschiedlich lange Beregnungsgaben am Tag einstellen. Ein relativ neuer Beregnungscomputer wird über eine Solaranlage betrieben. Sie enthält Solar-Akkus, die sich auch bei Bewölkung aufladen, die Energie speichern und so ohne äußere Energiequelle auskommen.

Düngen

Weshalb muss gedüngt werden?

Der Ursprung der Düngung liegt in der Landwirtschaft. Seit dem Beginn des Ackerbaus hat der Mensch versucht, den Ernteertrag durch Zugabe von organischen Substanzen verschiedenster Art zu steigern. Es wurde gedüngt, ohne die Zusammenhänge des Stoffwechsels in der Pflanze zu kennen, die Menschen richteten sich nach ihren Beobachtungen und Erfahrungen. Letzten Endes düngten sie nach dem Zufallsprinzip. Erst seit dem 19. Jahrhundert wurde die Bedeutung der Mineralstoffe für die Pflanzenernährung erforscht. Dadurch sind wir heute in der Lage, alle Pflanzen ganz gezielt mit den für sie notwendigen Nährstoffen zu versorgen und Böden in ihrem Nährstoffgehalt zu beeinflussen.

Nährstoffe sind für alle Lebensvorgänge in der Pflanze wichtig, sie werden in gelöster Form mit dem Wasser über die Wurzeln aufgenommen. Die Ansprüche an die Nährstoffversorgung sind je nach Pflanzenart verschieden, deshalb können bei einer bestimmten Nährstoffkonstellation des Bodens nur die darauf abgestimmten Pflanzenarten wachsen. Andere Arten können sich aufgrund der für sie ungünstigen Nährstoffversorgung hier nicht halten.

Der Mensch kann weitgehend unabhängig vom natürlichen Nährstoffvorkommen im Boden den Anbau oder den Bewuchs einer Fläche über die Düngung bestimmen. In der Konsequenz muss er, je nach Nutzung der Fläche, für einen ausreichenden Vorrat an Nährstoffen sorgen, um die Gesundheit der Kulturpflanzen zu gewährleisten und um einer natürlichen Selektion in eine unerwünschte Besiedelungsrichtung vorzubeugen.

Das gilt auch für den Rasen. Ein gut gepflegter Rasen muss ausreichend gedüngt werden, da dem Boden schon allein durch das regelmäßige Mähen und das Entfernen des Schnittguts von der Fläche Nährstoffe entzogen werden. Zudem benötigen die Graspflanzen nach dem Schnitt vermehrt Nährstoffe, um den Verlust an Blattmasse ausgleichen zu können. Auf einen Nährstoffmangel reagieren die Pflanzen zunächst durch Verkümmern, sie reduzieren das Wachstum und zeigen deutliche Mangelsymptome in Form von Verfärbungen. Darüber hinaus werden sie anfällig für Krankheiten, da ihnen die nötigen stofflichen Voraussetzungen für körpereigene Abwehrreaktionen fehlen. Als weitere Folge einer Aushungerung der Rasenfläche stellt sich bald Fremdbewuchs in Form von unerwünschten Kräutern und Gräsern ein, die sich auf nährstoffarmen Böden wohl fühlen

Rasenpflege

und in Konkurrenz zu den ursprünglichen Rasensorten treten.

Wenn Sie eine gute Nährstoffversorgung für Ihren Rasen anstreben – gleichgültig, ob es sich dabei um eine neu angelegte oder bestehende Rasenfläche handelt – müssen Sie zunächst über den Status quo des Nährstoffgehalts Ihres Bodens Bescheid wissen. Eine Bodenanalyse schafft hier Klarheit und ermöglicht eine zielgerichtete Verbesserung ungünstiger Verhältnisse (siehe Seite 9f.). Denn leider sind viele Flächen, unabhängig von ihrer vorherigen Nutzung, nicht auf einem optimalen Stand der Nährstoffversorgung.

> **Düngung hat die Aufgabe, ...**
> – den Nährstoffentzug des Bodens durch das Mähen ausgleichen
> – das Wachstum der Gräser zu fördern
> – die Widerstandsfähigkeit der Gräser gegenüber Krankheiten zu stärken
> – dem Rasen seine optisch ansprechende sattgrüne Färbung zu verleihen
> – die erwünschte Zusammensetzung der Rasensorten aufrecht zu erhalten
>
> Als Faustregel gilt: Je intensiver ein Rasen beansprucht und genutzt wird, umso besser muss die Nährstoff- und Wasserversorgung der Fläche sein. Das heißt aber nicht: Viel hilft viel. Eine Überversorgung mit Nährstoffen schadet den Pflanzen ebenso wie eine Mangelversorgung und ist durch die Auswaschung ins Grundwasser ökologisch nicht vertretbar.

Eine bei der Aussaat ausgebrachte Starterdüngung reicht in der Regel aus, um die Rasenpflanzen während des Keimlingsstadiums und eine beträchtliche Zeit danach in umfassendem Ausmaß zu ernähren. Danach müssen regelmäßig Nährstoffe nachgeliefert werden.

Wie hoch ist der Düngerbedarf?

Ein wichtiges Kriterium für den Düngerbedarf ist die **Bodenart**. Manche Böden haben die Eigenschaft, Nährstoffe speichern zu können. Andere wiederum binden sie und geben sie nur zögernd wieder ab. Wieder andere können Nährstoffe gar nicht halten, da diese sehr schnell ausgewaschen werden. Ton- und schluffreiche, humushaltige Böden sind für gewöhnlich nähstoffreich, humusarme Böden dagegen nährstoffarm. Je dicker die Oberbodenschicht ist, desto höher ist je nach Durchwurzelungstiefe auch das nutzbare Nährstoffpotenzial des Bodens. Auch ein hoher Grundwasserspiegel fördert die biologische Aktivität im Boden und dadurch die Nährstoffversorgung der Pflanzen.

Die **klimatischen Bedingungen** des Standortes beeinflussen ebenfalls die natürliche Nährstoffversorgung. Da die Pflanzen die Nährstoffe nur in gelöster Form über das Bodenwasser aufnehmen können, begünstigen ausreichende Niederschläge die Nachlieferung. In niederschlagsarmen Gegenden mit lang anhaltenden Trockenperioden ist der Nachschub an Nährstoffen von außen und die Freisetzung von Nährstoffen im Boden geringer.

Düngen

Bei der **Neuansaat** von Rasenflächen besteht grundsätzlich ein höherer Düngerbedarf als bei bestehenden Flächen. Dies gilt vor allem für die Nährstoffe Stickstoff und Kalium, die nur in begrenztem Umfang als Langzeitgaben verabreicht werden können. Bei einer sachgerechten Pflege stellt sich nach etwa fünf Jahren eine natürliche Nährstoffkonzentration im Boden ein, die wiederum von dessen Art und seiner biologischen Aktivität abhängt. Letztere braucht diese Zeitspanne, um ein stabiles biologisches Gleichgewicht aufzubauen. Dann erst kann mit einem geringeren Düngerbedarf der Neuansaat gerechnet werden.

Die **Rasennutzung** ist ebenfalls ein wichtiger Faktor für die Düngung. Je intensiver der Rasen durch häufiges Mähen oder Betreten beansprucht wird, umso höher ist der Düngerbedarf, um den Massenverlust durch die Nutzung auszugleichen. Wenig Nährstoffzufuhr hingegen benötigt ein Rasen, der nur selten gemäht wird, keinen regelmäßigen mechanischen Belastungen ausgesetzt ist und in dem Fremdkräuter und -gräser toleriert werden.

Junge Rasenfläche mit Rasengräsern unterschiedlicher Keimdauer.

> **Die Nährstoffe der Pflanzen**
> Die Nährstoffe werden, ausgehend von den Mengen, die die Pflanzen für ein optimales Gedeihen benötigen, in verschiedene Gruppen unterteilt:
> Hauptnährstoffe: Stickstoff, Phosphor, Kalium.
> Sekundärnährstoffe: Magnesium, Calcium, Schwefel.
> Spurenelemente: Bor, Kupfer, Eisen, Mangan, Molybdän, Zink.

Welche Nährstoffe braucht der Rasen?

Die vier elementaren Nährstoffe der Pflanzen sind Wasser, Kohlendioxid, Sauerstoff und Mineralien. Die ersten drei müssen nicht als Dünger verabreicht werden, da die Pflanzen diese Substanzen aus ihrer Umwelt beziehen: Das Wasser aus dem Boden und die gasförmigen Substanzen Kohlendioxid und Sauerstoff aus der Luft. Die Mineralstoffe nehmen sie mit dem Bodenwasser über die Wurzeln auf. Sie liegen in Form von chemischen Verbindungen vor, die wasserlöslich und somit für die Pflanzen verfügbar sind.

Die Hauptnährstoffe sind von essenzieller Bedeutung, um alle Lebensvorgänge in der Pflanze aufrecht zu erhalten. Ihr Mangel hat rasch sichtbare Auswirkungen und muss zügig behoben werden. **Stickstoff** fördert

Rasenpflege

generell das Wachstum sowie die Grünfärbung des Blattes. Dieser Nährstoff ist unerlässlich für eine gute Regeneration der Pflanzen. Allerdings führt eine Überdüngung mit diesem Pflanzennährstoff zu dünnwandigen Zellstrukturen und damit zu instabilen, umfallgefährdeten Halmen und Blättern. **Phosphor** ist ein Energieträger, der bei sämtlichen Stoffwechselvorgängen unentbehrlich ist. Zudem fördert er speziell das Wurzelwachstum. **Kalium** wirkt allgemein kräftigend und erhöht die Widerstandskraft der Pflanze gegen Trocken- und Kältestress sowie gegen Krankheiten allgemein. **Magnesium** stärkt die Gesundheit der Pflanzen und sorgt für eine satte Grünfärbung.

Sekundärnährstoffe und **Spurenelemente** werden in weitaus geringeren Mengen benötigt, sind aber absolut unerlässlich für die Pflanzengesundheit. In manchen Fällen können vorübergehende Unterversorgungen bei einem dieser Elemente ausgeglichen werden, je nach Situation zeigen sich aber auch hier über kurz oder lang Mangelerscheinungen, die mit der Zeit drastische Ausmaße annehmen können.

Rasendünger

Düngemittel, die in der Landwirtschaft oder im Gartenbau verwendet werden, eignen sich für den Hausrasen nicht, da sie nicht über die erforderliche Nährstoffzusammensetzung verfügen. Eine ihrer Wirkungsweisen liegt darin, das Höhenwachstum der Pflanzen anzuregen, was zu schnellem Rasenwachstum führt und häufiges Mähen erforderlich macht. Die Düngerbestandteile werden darüber hinaus zu schnell abgebaut. Oft besitzen sie einen hohen Nitratanteil, der in dieser Menge von den Rasenpflanzen gar nicht aufgenommen werden kann und so ins Grundwasser ausgewaschen wird.

Auch die im Handel angepriesenen „Rasenuniversaldünger" erfüllen nicht immer den Zweck einer bedarfsgerechten Nährstoffversorgung, da nicht nur die Menge der zugeführten Dünger, sondern auch das Mischungsverhältnis der Düngerkomponenten den Düngungserfolg beeinflusst.

Zunächst wird nach Formen des Stickstoffdüngers zwischen verschiedenen Düngertypen unterschieden: **Langzeitdünger** bestehen bis zu 80 % aus langzeitverfügbarem Stickstoff. Der Wirkung beginnt langsam, hält

---

Ein guter Rasendünger ...

– entspricht in seiner Zusammensetzung und Menge den speziellen Anforderungen des Rasens
– verursacht bei richtiger Dosierung und sorgfältiger Anwendung keine Verbrennungsschäden
– verbraucht sich nicht innerhalb kurzer Zeit, sondern gibt die Nährstoffe kontinuierlich über einen gewissen Zeitraum ab (Langzeitdünger)
– fördert das Dickenwachstum und nicht das Längenwachstum
– ist als Nitratstickstoff schnell verfügbar und gering konzentriert, so dass er von den Wurzeln aufgenommen und nicht ausgewaschen wird

Düngen

aber mehrere Wochen an. **Kurzzeitdünger** eignen sich für gezielte Anwendungen mit schnellem Effekt. Die Düngungswirkung hält oft nur wenige Tage an. **Kombinationsdünger** enthalten schnell und langsam verfügbare Stickstoffdüngerformen. Ihre Wirkung setzt rasch ein und kann sich, je nach Gehalt an Langzeitdünger und Aufwandmenge, über einen längeren Zeitraum erstrecken.

Für die ausreichende Düngung Ihres Hausrasens reicht für gewöhnlich die Anwendung so genannter **Mehrfachdünger**, in denen alle notwendigen Nährstoffe enthalten sind. Es gibt sie in unterschiedlichen Zusammensetzungen, wobei einzelne Komponenten in verschiedenen Konzentrationen vorliegen, so dass mit ihnen gezielt gedüngt und Defizite ausgeglichen werden können. Um ein befriedigendes Ergebnis zu erzielen, sollten Sie bei der Düngung generell einige Punkte berücksichtigen:

– Bei Neuansaaten und Nachsaaten werden **phosphatbetonte Dünger** ausgebracht, Keimlinge und Jungpflanzen benötigen Phosphate für ein schnelles und gesundes Wachstum.
– Vor sommerlichen Trockenperioden sowie im Herbst als letzte Düngung werden **kaliumbetonte Dünger** verabreicht.
– **Dünger mit Langzeitstickstoff** sind bei höheren Bodentemperaturen empfehlenswert.
– **Dünger mit schnell verfügbarem Stickstoff** werden vor allem im Herbst und Frühjahr ausgebracht. Eine gute Methode ist die Ausbringung von Flüssigdüngern.

Beregnen Sie Neuansaaten nur mit der Brause, nie mit hartem Strahl.

– Ab Mitte oder Ende September sollten **keine stickstoffbetonten Dünger** mehr verabreicht werden, um die Kälteresistenz und Widerstandsfähigkeit der Gräser gegenüber Winterkrankheiten nicht zu reduzieren.
– Bei abgemagerten Rasentragschichten, die oft in alten Beständen zu finden sind, empfehlen sich regelmäßige Gaben von **Spurenelementen**, die auch die biologische Aktivität im Boden fördern.

Im Allgemeinen sollte das Mengenverhältnis der Einzelkomponenten Stickstoff, Phosphat und Kalium bei 6:2:3 liegen. Dieses Verhältnis hat sich bei fachgerecht angelegtem Rasen ohne Probleme bewährt.

Außer den bereits beschriebenen Mineraldüngern gibt es in der breiten Produktpalette auch noch Dünger auf organischer Basis sowie Mischformen. Dabei haben sich für eine bedarfsgerechte Düngung von Rasenflächen spezielle Rasenlangzeitdünger als am geeignetsten erwiesen.

Rasenpflege

Düngeplan für Hausgarten-Rasen*		
Rasenart	Düngungstermine	Stickstoffmenge pro Jahr
Zierrasen, wenig strapaziert	1. Düngung: Mitte März bis Anfang Mai 2. Düngung: Mitte Juni bis Anfang August	5–8 g/m²
Gebrauchsrasen, wenig strapaziert	1. Düngung: Mitte April 2. Düngung: Ende Juni/Anfang Juli 3. Düngung: Mitte September	8–2 g/m²
Gebrauchsrasen, stark strapaziert	1. Düngung: Mitte März 2. Düngung: Anfang bis Mitte Mai 3. Düngung: Anfang bis Mitte Juli 4. Düngung: Ende August bis Mitte September	12–15 g/m²

* bei Entfernen des Schnittguts,
bei Mulchen sind 3–5 g/m² weniger Dünger notwendig

Immer wieder werden auch organische Dünger unterschiedlichster Zusammensetzung für den Rasen angeboten. Diese Dünger können in vorsichtigen Gaben ergänzend zu mineralischem Dünger gegeben werden, decken aber aufgrund ihrer Zusammensetzung und der Darreichungsform der Nährstoffe die speziellen Bedürfnisse des Rasens nicht komplett ab.

Wann wird gedüngt?

Am besten ist es, wenn Sie das so genannte „Düngewetter" abwarten – also abends bei ziemlich hoher Niederschlagswahrscheinlichkeit düngen. Am ungünstigsten ist trockenes, heißes Wetter, wenn der Dünger auf ausgetrockneten Boden ausgebracht wird. Auf diese Weise entstehen mit absoluter Sicherheit Verbrennungsschäden, die die Pflanzen auf der entsprechenden Fläche komplett abtöten können. Diese Schäden verschwinden erst wieder durch Nachwachsen von gesundem Gewebe oder durch eine Nachsaat bei großflächigen Schädigungen. Um solche unliebsamen Überraschungen zu vermeiden, muss die gedüngte Fläche unbedingt beregnet werden, wenn Niederschlag wider Erwarten ausbleibt oder unzureichend ist. Durch das Wasser wird der Dünger aufgelöst und fließt in den Wurzelraum ab, wo er von der Pflanze aufgenommen werden kann. Eine ausreichende Bewässerung ist auch für organische Dünger oder Flüssigdünger notwendig.

Wie wird gedüngt?

Für ein optimales Düngeergebnis spielt nicht nur die ausreichende Bewässerung eine Rolle, sondern auch die sorgfältige Ausbringung des Düngers. Viele Düngerkomponenten, zum Beispiel der Stickstoff, haben einen so genannten „greening-Effekt", können also die Einlagerung der grünen Farb-

Noch mehr Wissen über

Pflanzen & Gärten

(Gewünschtes bitte ankreuzen)

Fordern Sie kostenlose Zusatz-Infos

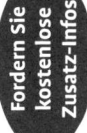

Schicken Sie mir bitte kostenlos informative Buchprospekte über:

- ☐ Pflanzen und Gärten
- ☐ Obstbau

Schicken Sie mir bitte kostenlos ein Probeheft der Zeitschrift(en):

- ☐ Gartenpraxis – Ulmers Pflanzenmagazin
  Für Leser mit hohem Anspruch an Wissen zu Pflanzen und ihrer Verwendung in Haus und Garten.
- ☐ Obst & Garten
  Praxisorientierte Beiträge für Hobbygärtner und gewerbliche Obstanbauer. Mit Arbeitskalender.

Schicken Sie mir bitte kostenlos Ihren aktuellen E-Mail-Newsletter:

- ☐ Gartenthemen
- ☐ Gartenkalender
- ☐ Tiere

E-Mail-Adresse

www.ulmer.de

Ulmer

Meine Adresse:

Vorname/Name

Straße/Nr.

PLZ/Ort

Tel.-Nr. (für Rückfragen)

Diese Karte habe ich entnommen aus:

Das Buch hat mir gefallen ☐ ja | ☐ nein,

weil:

Antwort

Verlag Eugen Ulmer
Kundenservice
Postfach 70 05 61
70574 Stuttgart

Bitte
freimachen.

pigmente in das Blatt sichtbar fördern und bei ungleichmäßiger Düngerausbringung zu Streifenbildung führen. Dann liegen gut gedüngte, sattgrüne Streifen neben helleren Abschnitten, die weniger Dünger abbekommen haben (siehe Foto Seite 69). Bei besonders ungleichmäßiger Ausbringung kann es auch zu einer Überdüngung einzelner Stellen kommen, die dann durch Düngeschäden auffallen. Dies können Verbräunungen oder Verbrennungen bis hin zum Totalausfall sein. Das andere Extrem sind Leerstellen, die gar keinen Dünger bekommen haben oder unterversorgt sind.

Am besten verwendet man zur Ausbringung des Düngers einen **Streuwagen**, der auch bei der Aussaat Verwendung findet (siehe auch Seite 28f.). Vor dem Einfüllen des Düngers ist darauf zu achten, dass die Löcher geschlossen sind. Auch empfiehlt es sich, das Einfüllen nicht auf dem Rasen bzw. auf der zukünftigen Rasenfläche vorzunehmen, denn der Dünger kann neben die Auffangvorrichtung fallen. Ungeübte sollten zunächst einmal mit Sand Probe fahren, um ein Gefühl für die Handhabung des Streuwagens zu bekommen.

Die notwendige Düngermenge pro m² wird vom Hersteller angegeben und muss dann im Einzelfall errechnet werden. Im Allgemeinen sollte man die Aussaatlöcher am Streuwagen für die Düngung auf eine mittlere Einstellung bringen. Ein Maximum an Gleichmäßigkeit erreicht man dadurch, dass man die Fläche zweimal düngt, jeweils mit der Hälfte der Menge. Der zweite Durchgang erfolgt quer zum ersten, um Leerstellen zu vermeiden.

Überlappende Bahnen können durch optische Markierungen auf längeren Strecken vermieden werden.

Für das Ausbringen des Düngers per Hand braucht man ein wenig Erfahrung und Fingerspitzengefühl, um Überschneidungen und Leerstellen zu vermeiden.

Vertikutieren

Beim Vertikutieren wird die oberste Bodenschicht bis in eine Tiefe von 3–5 mm mechanisch angekratzt bzw. geschlitzt. Diese Maßnahme wirkt vorbeugend sowie bekämpfend bei verschiedenen Problemen des Rasens:

Zunächst einmal eignet sich das Vertikutieren hervorragend dazu, **Filzschichten** der Rasentragschicht zu entfernen. Durch die Öffnungen wird der Boden besser durchlüftet und das Regenwasser kann leichter in tiefere Bodenschichten abfließen. Dadurch wird Staunässe reduziert oder sogar vollständig beseitigt.

Durch intensives Vertikutieren kann man auch unerwünschten Fremdbewuchs auf dem Rasen bekämpfen. Hier ist an erster Stelle das **Moos** zu nennen, das Sie für eine Komplettbehandlung zuerst mit einem Eisen-II-Präparat abtöten sollten. Nach ungefähr zehn Tagen hat sich das Moos schwarz verfärbt und kann mit dem Vertikutierer entfernt werden. Für einen einschlägigen Erfolg muss diese Maßnahme aber unter Umständen mehrmals wiederholt werden. **Algen** lassen sich mit dem Vertikutierer buchstäblich abkratzen. Die bessere Bodendurchlüftung hemmt zudem das

Rasenpflege

Handvertikutierer zum Entfernen von Moos und Unkräutern.

Elektrovertikutierer; gut sichtbar sind die Vertikutierschlitze.

erneute Wachstum der feuchtigkeitsliebenden Pflanzen. Auch hier ist der Erfolg in der Ausdauer zu suchen.

Ein weiteres Einsatzgebiet des Vertikutierers ist die Bekämpfung von **Unkräutern**. Besonders Rosetten bildende Kräuter, die sich häufigem Mähen durch bodennahe Wuchsformen anpassen, können auf diese Weise durch die mechanische Beschädigung ihrer Blattmasse im Laufe der Zeit eliminiert werden.

Vertikutiert wird vor allem im Frühjahr, wenn sich durch die winterlichen Bedingungen beispielsweise Moose ausgebreitet haben. Da in dieser Jahreszeit auch das Wurzelwachstum wieder einsetzt, kommen die vorteilhaften Effekte des Vertikutierens voll zum Tragen. Eine weitere günstige Jahreszeit ist der Herbst. Da das Vertikutieren den Graspflanzen mechanischen Stress zufügt, sollte man während der heißen und trockenen Jahreszeit eher darauf verzichten, denn dann wird der Rasen ohnehin durch Hitze- und Wasserstress strapaziert. Um nicht mehr Gras auszureißen als unbedingt nötig, ist es empfehlenswert, den Rasen vorher zu mähen.

Nach gründlichem Vertikutieren hinterlässt die Rasenfläche einen oft traurigen Anblick, da das entfernte Moos eine dichte Grasnarbe vorgetäuscht hatte und die verbleibenden Graspflanzen ziemlich zerrupft aussehen. Das ist kein Grund zur Sorge – wenn genügend Wasser zur Verfügung steht, begrünen sich die kahlen Stellen rasch wieder. Größere Kahlstellen sollten Sie unbedingt nachsäen, um Fremdbewuchs zu vermeiden. Eine zusätzliche Düngung vor dem Vertikutieren und eine ausreichende Bewässerung danach fördern das Gräserwachstum. Die positiven Effekte des Vertikutierens wiegen die kurzfristigen optischen Beeinträchtigungen auf jeden Fall auf!

Auf kleinen Flächen kann ohne Probleme mit einem Handgerät vertikutiert werden. Auch für verwinkelte

Flächen eignen sich diese rechenähnlichen, mit Federmessern versehenen Geräte gut. Bei größeren Flächen und starkem Moos- oder Algenbefall wird das Vertikutieren mit Handgeräten allerdings zur Schweiß treibenden Arbeit, so dass Sie über die Anschaffung eines Elektrovertikutierers nachdenken sollten. Bei den meisten Geräten ist ein Fangkorb Teil der Grundausstattung. Die sehr viel teureren Benzinvertikutierer lohnen sich erst ab einer Fläche von über 1000 m². Beide Gerätetypen arbeiten mit rotierenden Messern, die stufenlos tiefenverstellbar sein sollten. Ein befriedigendes Ergebnis liefern die Geräte nur auf einigermaßen ebenen Rasenflächen. Starke Unebenheiten müssen von Hand bearbeitet werden. Eine mögliche Alternative zum Kauf ist das Mieten eines Vertikutierers.

Nach dem Aerifizieren mit Hohlspoons: Lüftungslöcher und Erdauswurf.

Aerifizieren

Das Aerifizieren ist ein fester Bestandteil des Profipflegeprogramms für Sportrasen. Dabei werden Metallzylinder, so genannte „Spoons", in die Rasentragschicht gestanzt. Die so entstehenden Hohlräume sorgen für eine stärkere Bodendurchlüftung und eine bessere Wasserversorgung der Rasenwurzeln, außerdem trägt die Maßnahme zur Verhinderung von Staunässe bei. Verstärkte Effekte beim Aerifizieren erreicht man durch die Verwendung von Hohlspoons, die beim Einstanzen kleine Erdzylinder auf die Rasenoberfläche auswerfen und im Boden Röhren hinterlassen. Die Erdzylinder werden mit einem feinen Re-

Handgerät mit Hohlspoons zum Aerifizieren kleinerer Rasenflächen.

chen entfernt. Je nach Bodenbeschaffenheit kann mehrmals jährlich aerifiziert werden.

Seit einigen Jahren bietet der Handel eine immer größere Auswahl an elektrischen Aerifiziergeräten für den Hausgartenbereich an. Die Geräte ähneln kleinen Elektrorasenmähern, an deren Unterseite die Metallzylinder an Walzen angebracht sind. Achten Sie

Rasenpflege

Grabegabel zur Bodenlockerung per Hand.

etwa 100 bis 150 € (Bezugsquellen siehe Seite 123).

Durchlüftungseffekte können auch mit der Grabegabel erzielt werden. Stechen Sie in regelmäßigen Abständen in die Rasentragschicht ein und heben Sie den Boden durch eine leichte Aufwärtsbewegung an. Außerdem gibt es auch so genannte Belüftungsgabeln, die mit Hohlzinken versehen sind. Beim Einstechen wird die aufgenommene Erde nach oben heraus gedrückt. Dadurch entstehen senkrecht in den Wurzelraum verlaufende Röhren. Je dichter die Einstechlöcher liegen, umso größer ist der Belüftungserfolg. Auch mehrmaliges Bearbeiten in verschiedenen Richtungen erhöht den Effekt merklich. Zugegeben, diese Methode eignet sich nur für kleine Flächen oder besonders verdichtete Stellen mit Algen oder anderen Problemen. In Kombination mit regelmäßigem Vertikutieren ist das Aerifizieren mit der Belüftungsgabel aber eine durchaus praktikable Methode.

bitte beim Kauf darauf, dass Sie ein Gerät mit möglichst langen Spoons erwerben. Je tiefer sie in die Rasentragschicht eindringen, umso effektiver ist die Maßnahme. Ein weiterer Punkt, auf den Sie achten sollten, ist die Stabilität und der Abstand der Zylinder. Sie sollten möglichst solide gebaut sein, da im Hausgartenbereich auch immer mit steinigem Untergrund zu rechnen ist. Je geringer der Abstand der Elemente ist, umso größer ist der Belüftungseffekt und umso weniger Arbeitsgänge benötigen Sie, um eine Fläche ausreichend zu belüften. Die Preise für Aerifiziergeräte liegen bei

> **Zusätzliches Besanden**
> Im Anschluss an das Vertikutieren und Aerifizieren bietet das Besanden der Rasenfläche eine sinnvolle Ergänzung. Die entstandenen Bodenlöcher werden gefüllt und der Sand gelangt mit der Zeit durch weitere Bearbeitungsmaßnahmen und Niederschläge in tiefere Erdschichten. Durch die körnige Struktur fördert er die Durchlüftung des Bodens und die Wasserversorgung der Graswurzeln. Außerdem eignet er sich sehr gut zur Abmagerung von Rasenfilz.

Allgemeine Pflegehinweise

Neben den vorgestellten Pflegemaßnahmen gibt es noch ein paar ganz allgemeine Tipps, deren Befolgung Ihnen manches Problem ersparen kann.

1. Halten Sie die Rasenoberfläche sauber. Vor allem im Herbst sollte das Laub sorgfältig entfernt werden. Die Feuchtigkeit unter dem Laub kann Pilzerkrankungen hervorrufen und die Beschattung sowie der begrenzte Gasaustausch führen unter Umständen zu Kahlstellen. Generell sollten Sie das ganze Jahr über darauf achten, dass der Rasen nicht längere Zeit mit Gegenständen bedeckt ist oder diese dort gelagert werden.

2. Während Frostperioden sollte der Rasen nicht betreten werden. Das Gewebewasser der Gräser ist gefroren und die Pflanzen brechen, weil sie nicht mehr in der Lage sind, einer Belastung elastisch nachzugeben. Durch diese Gewebeschäden können Krankheitserreger, vor allem Pilzsporen, in die Pflanze eindringen. Im Winter ist es vor allem der Schneeschimmel, der sich rasch ausbreiten kann. Ein solcher Befall führt später wiederum zu Lücken in der Grasnarbe. Sie müssen durch Nachsaaten geschlossen werden, damit sich keine Unkräuter breit machen können.

3. Ebenfalls nicht empfehlenswert ist es, den Rasen nach starken, lang anhaltenden Niederschlägen gleich wieder ausgiebig zu belasten, ohne dass das Wasser in den Boden versickern konnte und wenigstens eine oberflächliche Abtrocknung stattfand. Die Gräser werden sonst buchstäblich in den Boden gedrückt und dadurch geschädigt. Neben der optischen Beeinträchtigung können die Pflanzen unter ungünstigen Umständen von Krankheitserregern infiziert werden.

Düngerschaden mit Streifenbildung durch ungleichmäßige Ausbringung.

Rasenprobleme erkennen und beseitigen

Rasenflächen können sich im Laufe der Jahre durch vielerlei Einflüsse wie Schattenlagen, Fremdkräuterbesatz, Rasenkrankheiten oder Minimalpflege stark verändern. Dann entsprechen sie nicht mehr dem gewünschten Erscheinungsbild eines gesunden Rasens. Wenn Sie das Problem erkannt haben, das Ihrem Rasen zusetzt, können Sie durch geeignete Maßnahmen eine Regeneration der Fläche vornehmen. Andernfalls sollten Sie den minderwertigen Rasen mitsamt seiner Tragschicht entfernen und eine Neuanlage durchführen.

Für den Fall, dass Sie sich für eine komplette Neuanlage Ihres Rasens entschieden haben, muss zunächst der alte Rasen – bei schlechter Qualität auch die oberste Erdschicht – vollständig abgetragen werden. Mit den vorbereitenden Arbeiten für die Neuansaat können Sie anschließend optimale Bedingungen für die neue Rasenfläche schaffen (siehe Seite 13ff.).

Keinesfalls darf einfach Mutterboden auf den alten Rasen aufgeschüttet und das neue Saatgut darauf ausgesät werden! Die ursprüngliche Grasschicht sowie ihre Wurzeln sterben durch die Bodenbedeckung ab und verfilzen. In ungünstigen Fällen bilden sie eine Sperrschicht und behindern den geregelten Wasserabfluss sowie eine ausreichende Durchlüftung. Die Staunässe bietet optimale Lebensbedingungen für Schadpilze und Moose.

Abgesehen von diesen Faktoren wirkt sich eine Erhöhung des Rasenniveaus im Vergleich zu umliegenden Pflanzungen und Anlagen ungünstig aus und ist auch ästhetisch nicht besonders ansprechend.

Pilzerkrankungen

Die Pilze stellen mit ungefähr 300 000 verschiedenen Arten eine sehr vielfältige Organismengruppe dar. Sie sind überall zu finden, nicht nur als Schadpilze an Kulturpflanzen oder als Krankheitserreger im menschlichen und tierischen Organismus, sondern auch in sehr nützlicher Funktion. So lieferten Schimmelpilze die natürliche Vorlage für das heute synthetisch hergestellte Penizillin, und Hefepilze werden als Triebmittel beim Backen verwendet.

Befall und Ausbreitung

Bei ihrer Ernährung sind die Pilze auf organisches Material angewiesen. Daher lebt ein Teil der Pilze als Parasiten in oder an lebenden Organismen und ruft durch den Befall des Gewebes und die Abgabe von Stoffwechselprodukten im Wirtskörper Krankheiten hervor. Diese Infektionen können ausbrechen, wenn eine ausreichend große Erregerzahl vorhanden ist, die sich Zugang zum Wirtskörper verschafft,

Pilzerkrankungen

ohne durch dessen körpereigene Abwehrmechanismen eliminiert zu werden. Dann suchen die Pilze das für sie geeignete Gewebe auf und befallen es. Sie dringen in die Zellen ein, nutzen die Nährstoffe des Wirts für ihre eigene Ernährung und vermehren sich dort. Verfügt der Wirt über eine gute Grundkonstitution, ist er möglicherweise in der Lage, auf den Befall zu reagieren und den Schaden in Grenzen zu halten. Fatal kann sich die Kombination aus massivem Befall und geschwächtem Wirtskörper auswirken: Im schlimmsten Fall kann das zum Absterben des gesamten Organismus' führen.

Pilzliche Schaderreger sind ständig und überall vorhanden. Sie leben in

Schadbild des Schneeschimmels.

der Erde und ihre Sporen werden durch Luft, Regen, Boden oder unmittelbaren Kontakt mit Menschen, Tieren und Arbeitsgeräten verbreitet. Für einen Pflanzenbefall benötigen viele Pilze aber bestimmte Gegebenheiten des Klimas oder des Bodens. Allen Pilzen ist gemeinsam, dass sie von einer entsprechenden Disposition der Wirtspflanze abhängig sind, denn es gibt Pflanzenarten und -sorten, die gegen einige Krankheitserreger resistent oder weniger anfällig sind.

Pilze können je nach Art sowohl die ober- als auch die unterirdischen Teile der Pflanzen befallen. Sie gelangen über natürliche Öffnungen der Pflanze (Spaltöffnungen) oder Wunden in das Körperinnere des Wirtes. Nach dem Mähen bieten die Schnittverletzungen der Graspflanzen sehr günstige Voraussetzungen für einen Befall. Dabei sorgen stumpfe Messer noch zusätzlich für ausgefranste Wundränder mit größerer Oberfläche und damit für größere Eintrittspforten der Krankheitserreger. Auch die dünnwandigen

Regenerieren oder neu anlegen?
- Wie schwer wiegend sind die vorhandenen Problemstellen? Muss die Fläche komplett neu angelegt werden oder könnte eine Regeneration ausreichen?
- Liegen die Probleme in der Rasentragschicht oder im Untergrund und ließen sie sich trotz intensiver Pflege in der Vergangenheit nicht beheben?
- Wie groß darf der Aufwand für eine Regeneration sein? Sie ist bequemer, aber unter Umständen auch langwieriger als eine Neuanlage.
- Welcher Kostenrahmen steht zur Verfügung? Material-/Geräte- und Arbeitskosten können bei einer Neuanlage beträchtlich sein.
- Wie viel Zeit gestehen Sie dem Rasen für eine Regeneration zu?

Rasenprobleme erkennen und beseitigen

Zellgewebe, die sich nach Verletzungen bilden, sind für die Pilze leichter zu überwinden als altes, widerstandsfähiges Gewebe.

Haben sich in der Grasnarbe erst einmal Pilze erfolgreich etabliert, kann es zu weitläufigen Schäden kommen, die optisch deutlich zu erkennen sind. Ohne effektive Gegenmaßnahmen kann unter ungünstigen Umständen die gesamte Rasenfläche zerstört werden und absterben.

Abgesehen von der optischen Beeinträchtigung können Pilzerkrankungen auch noch andere unangenehme Folgeerscheinungen mit sich bringen. Krankheitserreger anderer Herkunft – zum Beispiel tierische Parasiten – können in die bereits geschwächten Pflanzen eindringen und zusätzlichen Schaden anrichten. Im Laufe der Zeit sterben die befallenen Graspflanzen ab und werden durch resistentere Gräser oder Kräuter ersetzt, die das Erscheinungsbild des Rasens beeinträchtigen können. Die verbleibenden befallenen Gräser werden zunehmend empfindlicher gegenüber mechanischen Belastungen, da die Durchwurzelungstiefe befallener Pflanzen abnimmt. Die Gräser sind nicht mehr trittfest und können leicht ausgerissen werden.

Faktoren, die den Pilzbefall fördern

Die Infektion einer Pflanze muss nicht zwangsläufig zu einer Erkrankung führen. Vitale Pflanzen können kleinere Erregerzahlen durch körpereigene Abwehrmechanismen bekämpfen. Somit ist jede Maßnahme, die die Gesundheit des Rasens fördert, eine Prophylaxe gegen Erkrankungen.

Daneben gibt es allerdings verschiedene Faktoren, die einen Befall und Krankheitsausbruch begünstigen können.

Feuchtigkeit

Pilze sind für ihre Wasserversorgung auf Niederschläge und hohe Luftfeuchtigkeit angewiesen, da sie – außer den Hutpilzen – keine mit den Wurzeln vergleichbaren Organe besitzen. Das Wasser muss den Körper direkt berühren, um für die Pilze verfügbar zu sein. Mit Ausnahme der Sommerfusariosen benötigen sie zudem nur wenig Sonneneinstrahlung und Wärme. Daher stellen beschattete Rasenflächen oder solche mit geringer Windzirkulation grundsätzlich ein gewisses Risiko für Pilzerkrankungen dar, weil sie nach Niederschlägen oder Taubildung nur langsam abtrocknen. So fördern sie die Ausbreitung der Pilzsporen und damit die Infektionsgefahr. Bei hoher Luftfeuchtigkeit entstehen auf der Rasenoberfläche

---

Krankheitssymptome bei Pilzbefall
- Welkeerscheinungen, auch bei ausreichender Bewässerung
- Blattverfärbungen, Blattflecken
- Absterben von Blättern und/oder Wurzeln
- Fäulnis im Wurzelbereich
- Oberirdische Myzelbildung (spinnennetzartiges Geflecht der Pilzkörper auf der Rasenoberfläche)
- Verfärbte oder welke Flecken im Rasen

Pilzerkrankungen

durch manche Pilze regelrechte Pilzmyzelien, die sich wie ein Spinnennetz über die Gräser legen. Auch hohe Bodenfeuchtigkeit fördert den Pilzbefall, so führt beispielsweise mangelnde Drainage zur Bildung von Staunässe. Zusätzliche hohe Luftfeuchtigkeit begünstigt vor allem die Pythium-Fäule.

Können Sie auf Ihrer Rasenfläche auch durch Ausdünnen des Baum- und Strauchbestandes nicht für genügend Sonneneinstrahlung sorgen, sollten Sie bei einer Neuansaat oder Nachsaat Schattenrasen verwenden (siehe Seite 25f.).

Frost

Da Graspflanzen zu etwa 80 % aus Wasser bestehen, das bei tiefen Temperaturen in den Blättern gefriert, brechen diese bei Tritt- und anderen Belastungen während der Frostperiode ab. Pilzliche Erreger wie der Schneeschimmel, der unter diesen Bedingungen aktiv ist, können über die Bruchstellen in das Gewebe eindringen und Schäden verursachen, die im Frühjahr in Form von Fußabdrücken sichtbar sind.

Mähen

Die Rolle der Schnittverletzungen nach dem Mähen wurde bereits erwähnt (siehe Seite 41ff.). Ein weiterer nachteiliger Effekt von häufigem Mähen und tiefem Schnitt ist die Verringerung der Nährstoffeinlagerung in den Wurzeln, Halmen und Rhizomen. Dadurch wird die Pflanze geschwächt und ihr Regenerationsvermögen eingeschränkt, was sie wiederum anfälliger für Infektionen macht. Außerdem stellt der dauernde Substanzverlust für die Pflanzen konstanten Stress dar, weil ihr Stoffwechsel zum Ausgleich des Massenverlustes ständig auf Hochtouren laufen muss und so die Reserven zur Abwehr von Infektionen reduziert sind. Daher sollten Sie nicht zu häufig und nicht zu tief mähen.

Mulch/Laub/Rasenfilz

Ist das anfallende Schnittgut zu lang und liegt es zu dicht oder klumpig auf der Rasenoberfläche, birgt das die Gefahr der Beschattung und der Bildung von Feuchtigkeit. Deshalb sollte darauf geachtet werden, dass das verbleibende Mähgut rasch genug von den Bodenorganismen abgebaut werden kann. Das Gleiche gilt für nicht entferntes Laub, das über den Winter nur schlecht abgebaut wird. Laubblätter sind ihrerseits häufig von Pilzen befallen, so dass bei liegen gelassenem Laub einige für Pilzinfektionen günstige Faktoren zusammenkommen. Durch seine hohe Wasserspeicherfähigkeit bildet dicker Rasenfilz ebenfalls einen geeigneten Besiedlungsort für Pilze.

Belastungen der Rasennarbe

Durch kontinuierlich hohe Belastungen werden die Gräser sehr strapaziert und erleiden Gewebeschäden, durch die Pilzsporen in den Pflanzenkörper eindringen können. Außerdem haben die Gräser unter solchen Bedingungen große Mühe, sich ausreichend zu regenerieren und ihren allgemeinen Gesundheitszustand stabil zu halten. Ist eine starke Belastung des Rasens schon von vorne herein absehbar, so

Im Herbst müssen Sie das Laub vom Rasen entfernen, um Pilzerkrankungen vorzubeugen.

sollten Sie vorbeugend eine entsprechende Saatgutmischung wählen und dem Rasen, wenn irgend möglich, immer wieder Regenerationspausen zugestehen.

Die wichtigsten Pilzerkrankungen

Wird der Rasen von einem Schadpilz befallen, ist es durch geeignete Pflegemaßnahmen noch möglich, die Krankheit in den Griff zu bekommen. Um allerdings zielgerichtet handeln zu können, sollten Sie wissen, um welchen Pilzerreger es sich handelt. Um eine Zuordnung der Krankheitssymptome zu erleichtern, sind hier die wichtigsten Erreger und ihr vorwiegend jahreszeitliches Auftreten dargestellt.

Bei entsprechenden Witterungsverschiebungen können die Pilzerkrankungen auch zu untypischen Jahreszeiten auftreten, so dass das dargestellte Schema keine absoluten Regeln darstellt. Zudem kommen die einzelnen Pilzerkrankungen leider nicht immer zeitlich und räumlich voneinander getrennt vor, häufig gibt es so genannte Mischinfektionen. Sie sind sehr schwierig zu bestimmen, da sich die Krankheitssymptome der Pilzerkrankungen in manchen Entwicklungs- und Befallsstadien sehr ähnlich sehen können.

Schneeschimmel
Trotz seines Namens ist der Schneeschimmel nicht an das Auftreten von Schnee und Frost gebunden und ist

Pilzerkrankungen

somit keine echte Winterkrankheit. Er tritt bei hoher Luftfeuchtigkeit und kühler Witterung auf und fühlt sich bei 0–8 °C am wohlsten. Liegt die Temperatur extrem höher oder niedriger, ist der Pilz nicht aktiv, kann aber bis zu günstigeren Verhältnissen überdauern.
Schadbild:
Nassfäule, die zunächst kleine, wässrig-graue Flecken mit einem Durchmesser von 4–6 cm zeigt. Die Flecken können sich bis zu 25 cm Durchmesser ausbreiten und ineinander übergehen (siehe Foto S. 71). Am Rand erscheint die aktive Zone des Pilzes oft als brauner Ring, während sich die Gräser vom Inneren des Rings heraus bereits wieder regenerieren. Das Schadbild des Schneeschimmels wird sehr bezeichnend auch „Froschauge" genannt. Bei hoher Luftfeuchtigkeit erscheint ein dichtes, watteartiges, rosafarbenes bis graues Myzel.
Krankheitsfördernde Faktoren:
- Wechselnd hohe und niedrige Temperaturen, die die Winterruhe der Gräser brechen und damit ihr Immunsystem schwächen
- Tau, Nebel
- Schneedecke auf ungefrorenem Boden
- Stress und Wunden durch zu intensive mechanische Bearbeitung im Herbst
- Einseitig hohe Stickstoffgaben im Herbst
- Kaliummangel
- Zu hoher pH-Wert

Vorbeugung:
- Verzicht auf schnelllösliche Stickstoffgaben im Herbst
- Kaliumdüngung im Spätherbst
- Pflegemaßnahmen wie Vertikutieren, Aerifizieren, Besanden zum Abbau des Rasenfilzes und zur Förderung der Drainage
- Entfernen von Laub und Schnittgut
- Keine Kalkgaben im Herbst (der optimale pH-Wert für Rasen liegt bei 6 bis 7)
- Gründliches Vertikutieren im Frühjahr zur Entfernung von befallenem Pflanzenmaterial

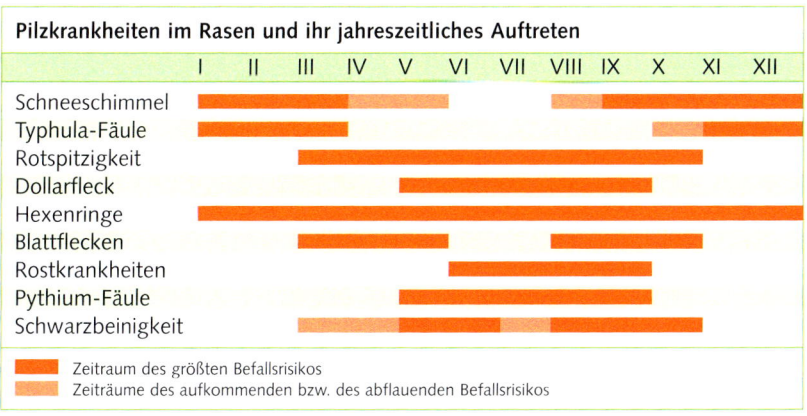

Pilzkrankheiten im Rasen und ihr jahreszeitliches Auftreten

	I	II	III	IV	V	VI	VII	VIII	IX	X	XI	XII
Schneeschimmel												
Typhula-Fäule												
Rotspitzigkeit												
Dollarfleck												
Hexenringe												
Blattflecken												
Rostkrankheiten												
Pythium-Fäule												
Schwarzbeinigkeit												

Zeitraum des größten Befallsrisikos
Zeiträume des aufkommenden bzw. des abflauenden Befallsrisikos

Typhula-Fäule

Die Typhula-Fäule ist in unseren Breiten die einzige echte Winterkrankheit. Der Pilz hat sein Temperaturoptimum bei 0°C und überlebt höhere Temperaturen in einer Dauerform, die sehr widerstandsfähig gegen Wärme und Trockenheit ist.

Schadbild:
Die Infektion bricht oft unter geschlossener Schneedecke aus und so bemerkt man erst nach der Schneeschmelze graue Flächen mit verklebten Gräsern, die verfaulen und eine papierartige, trockene Struktur aufweisen (Trockenfäule). An Blattspreiten und Wurzelhals findet man stecknadelkopfgroße, bräunlich-orangefarbene Dauerorgane des Pilzes. Bei hoher Luftfeuchtigkeit bildet sich ein grau-weißes Myzel. Die unregelmäßig geformten Befallsflächen können mehr als 50 cm Durchmesser erreichen. Obwohl das Schadbild oft sehr ausgeprägt ist, sterben die betroffenen Pflanzen nur selten ab; die befallenen Flächen regenerieren sich im Frühjahr bei steigenden Temperaturen sehr rasch.

Krankheitsfördernde Faktoren:
- Geschlossene Schneedecke
- Schneedecke auf ungefrorenem Boden
- Temperaturen von 0–10°C
- Neuansaaten in Kombination mit den anderen Faktoren (Jungpflanzen sind anfälliger für eine Infektion)

Vorbeugung:
- Vermeidung von einseitig hohen Stickstoffgaben
- Kaliumgaben im Herbst
- Reduzierung der Filzschicht
- Gründliches Vertikutieren im Frühjahr zur Entfernung von befallenem Pflanzenmaterial

Rotspitzigkeit

Die Rotspitzigkeit ist eine Rasenkrankheit der Blätter und Stängel, die weltweit verbreitet ist. Sie hat auf Grund ihres weiten Temperaturspektrums von 5 bis 30°C fast das ganze Jahr über Saison. Der Gesamtschaden ist allerdings gering, da ein Wurzelbefall nur selten vorkommt und man keine großflächigen Kahlstellen befürchten muss.

Schadbild:
Am Anfang bilden sich kleine, unregelmäßige Flecken, die sich erst hellbraun und dann im weiteren Verlauf der Infektion strohgelb verfärben. Bei hoher Luftfeuchtigkeit bildet sich ein rosafarbenes, watteartiges Myzel, das durch Zusammenlagerung an den Blattspitzen der befallenen Blätter die typischen geweihartigen, roten Strukturen bildet. Bei Temperaturen zwischen 16 und 22°C kann sich die

Rotspitzigkeit mit dem typischen „Hirschgeweih".

Pilzerkrankungen

Krankheit epidemisch ausbreiten und ganze Rasenflächen rot färben.
Krankheitsfördernde Faktoren:
- Unausgeglichene Nährstoffversorgung, insbesondere Stickstoffmangel
- Lang anhaltende Feuchtigkeit

Vorbeugung:
- Gute Sortenwahl
- Ausgewogene Nährstoffversorgung, vor allem Gaben mit Langzeitstickstoff
- Reduzierung des Rasenfilzes

Dollarfleck

Der Name dieser Erkrankung beruht auf der Größe und den scharf abgegrenzten Rändern der Flecken.
Schadbild:
Die Symptome können je nach Schnittlänge des Rasens variieren. Auf Golfgrüns mit Kurzschnitt bilden sich zunächst kleine, runde, gelbliche Flecken mit 2–3 cm Durchmesser und scharfer Abgrenzung zu den gesunden Flächen. Bei länger geschnittenem Gras sind die Flecken größer (5–10 cm Durchmesser) und unregelmäßiger. Bei hoher Luftfeuchtigkeit oder Taubildung zeigt sich ein weißes, spinnwebenartiges Myzel. Das befallene Blatt schnürt sich ein und zeigt einen strohfarbenen Fleck mit einer rotbraunen Begrenzung zum restlichen Gewebe. Bei starkem Befall wird das Wurzelwachstum beeinträchtigt.
Krankheitsfördernde Faktoren:
- Ausgetrockneter Boden und gleichzeitig hohe Luftfeuchtigkeit
- Hohe Tagestemperaturen (25–30 °C) und kühle Nächte
- Stickstoff- und Kaliummangel

Vorbeugung:
- Ausgewogene Nährstoffversorgung
- Gezielte Kaliumgaben im Frühjahr
- Vermeidung von Trockenstress
- Vertikutieren und Aerifizieren

Hexenringe

Hexenringe gehören zu den bodenbürtigen Schadpilzen. Für die Schadbilder sind verschiedene Pilze aus der Gruppe der Basidiomyceten verantwortlich, die alle die Eigenschaft haben, sich mit ihrem Myzel kreisförmig auszubreiten und dadurch die typischen Symptome zu zeigen. Beim Hexenringbefall kann es zu drei verschiedenen Schadbildern kommen.
Schadbild 1:
Dieses zeigt zwei parallel verlaufende, dunkelgrüne, unregelmäßig geformte Ringe, zwischen denen sich eine Zone von abgestorbenem Gras befindet. Im Boden ist ein für diese Pilze typisches weißes Myzel sichtbar, das einen schimmeligen Geruch verbreitet. Dieser Typus kann schwere Schäden anrichten, die einerseits durch die Wasserkonkurrenz des Pilzmyzels mit den Graswurzeln, andererseits durch toxi-

Hexenringe mit oberirdischen ungenießbaren Pilzkörpern.

sche Ausscheidungen des Pilzes hervorgerufen werden.
Schadbild 2:
Bei diesem Schadbildtypus entstehen dunkelgrüne Ringe mit verstärktem Graswachstum ohne Absterbeerscheinungen. In manchen Jahren wird dieses Symptom von der Ausbildung von Fruchtkörpern begleitet, die ebenfalls ringförmig auftreten. Dazu gehören Pilze wie Champignons, Boviste u. a. Der Rasen wird durch diesen Typus nicht geschädigt. Ursache der Grünfärbung ist wahrscheinlich eine Stickstofffreisetzung durch den Abbau organischer Substanzen durch die Pilze. Die Ringe fallen besonders dann stark auf, wenn die restliche Fläche Stickstoffmangel aufweist.
Schadbild 3:
Hier treten lediglich Fruchtkörper (Hutpilze) in kreisförmiger Anordnung auf. Im Boden findet man dicht unter der Oberfläche ein Myzel. Der Rasen wird nicht geschädigt. Eine weitere Art tritt vor allem im Frühjahr oder Spätherbst auf und weist im Bereich der Filzschicht ein weißes, mehliges und gut sichtbares Myzel auf, das deutliche Ringe oder unregelmäßige schmale Streifen bildet. Es hat einen charakteristischen champignonartigen Geruch. Es kann durch Vertikutieren leicht entfernt werden. Auch hier treten am Rasen keine Schäden auf.
Krankheitsfördernde Faktoren:
– Die Rasenflächen sind meist älter als fünf Jahre
– Magerer, sandiger Standort
– Ehemalige Waldgebiete
– Starker Rasenfilz und Bodenverdichtungen

Behandlung:
Eine Bekämpfung des Hexenrings ist sehr schwierig und arbeitsintensiv. Ein besonderes Problem stellt die Wasser abweisende Struktur des Myzels dar, dessen Schicht mit einer Grabe- oder Aerifiziergabel durchbrochen werden muss. Danach ist eine gründliche Bewässerung nötig, um auch die tieferen Bodenschichten zu erreichen.

Blattflecken
Dieser Name ist ein Sammelbegriff für Erkrankungen, die von mehreren Pilzarten und -gattungen hervorgerufen werden. Ihre Unterschiede lassen sich nur unter dem Mikroskop, nicht aber mit dem bloßen Auge erkennen. Sie besitzen sehr unterschiedliche Temperaturoptima und befallen die Blätter. Als Übertragungswege kommen Gartengeräte und Schuhe in Frage.
Schadbild:
An den Blättern zeigen sich kleine, abgegrenzte, rote bis dunkelbraune Flecken, die sich mit Ausbreitung der Infektion vergrößern. Das Zentrum des Flecks wird mit der Zeit strohgelb und stirbt ab. Bei ungünstigen Witterungsverhältnissen und starkem Infektionsdruck kann die gesamte Pflanze absterben; die befallenen Flächen verfärben sich braun und wirken vertrocknet.
Krankheitsfördernde Faktoren:
– Einseitig hohe Stickstoffgaben
– Kaliummangel
– Lichtmangel
– Rasenfilz, in dem der Erreger überwintern kann
– Hohe Luftfeuchtigkeit mit der Bildung eines Wasserfilms auf den Blättern, der die Infektion ermöglicht

Pilzerkrankungen

Vorbeugung:
- Stress wie extremen und häufigen Tiefschnitt vermeiden
- Ausreichende Kalium- und Stickstoffgaben
- Staunässe vermeiden und nicht zu häufig beregnen

Rostkrankheiten

Auch diese Bezeichnung steht für verschiedene Erreger, die ebenfalls nicht mit dem bloßen Auge zu unterscheiden sind. Gleichwohl befallen sie alle die Blätter und rufen dort sehr ähnliche Symptome hervor.

Schadbild:
Zunächst treten an den Blättern hellgelbe Flecken auf. Danach bilden sich – je nachdem, welcher Erreger für die Infektion verantwortlich ist – typische schwarze, gelbe oder braune Pusteln aus, die unterschiedlich geformt und angeordnet sein können. Diese Pusteln enthalten die Pilzsporen, die die Krankheit weiter im Bestand verbreiten können. Sie werden über den Wind, mit Arbeitsgeräten oder mit Schuhen weitergetragen. Zunächst entsteht eine nesterartige Ausbreitung der Krankheit und die befallenen Flächen erscheinen gelblichbraun. Der Rasenbestand wird durch die Krankheit geschwächt und wirkt lückig.

Krankheitsfördernde Faktoren:
- Stress, bedingt durch Nährstoff-, Licht- und Wassermangel
- Temperaturen zwischen 20 °C und 30 °C
- Hohe Luftfeuchtigkeit mit der Bildung eines Wasserfilms auf den Blättern, der die Infektion ermöglicht

Blattfleckenkrankheit

Rostkrankheit

Vorbeugung:
- Vermeidung von Stresssituationen
- Ausgewogene Nährstoffgaben mit Rasenlangzeitdüngern
- Vermeidung von Staunässe

Pythium-Fäule

Auch dies ist ein Sammelbegriff für verschiedene Krankheitsbilder, die je nach Alter der Rasenfläche unterschiedlich ausgeprägt sein können. Insgesamt ist die Pythium-Fäule eine

Rasenprobleme erkennen und beseitigen

Krankheit, die besonders Gräser in Stresssituationen befällt, praktisch als Folgeinfektion. Unter günstigen Bedingungen kann sie sich sehr schnell und großflächig ausbreiten, wobei die Pilzsporen mit dem Wasser und infizierte Pflanzenteile mit Arbeitsgeräten und Schuhen weitergetragen werden.

Schadbild 1 (bei Neuanlagen oder Nachsaaten):
Es tritt relativ früh schon in der Keimungsphase auf und zeigt sowohl befallene Wurzeln als auch Halme. Die jungen Pflanzen trocknen an der Halmbasis ein, knicken um und sterben ab. Die Wurzeln sind dunkel verfärbt und nicht mehr im Boden verankert. Zunächst treten kleine Fehlstellen auf, die sich rasch vergrößern können.

Schadbild 2 (auf etablierten Rasenflächen):
Auch hier werden Blätter und Wurzeln befallen. Zunächst bildet sich ein schleimig anfühlender Film auf den Blättern, die an diesen Stellen leicht eingesunken wirken. Dehnt sich der Befall im Bestand aus, erscheinen mit der Zeit graue bis rötliche Flecken, die ineinander übergehen und leicht mit Trockenschäden verwechselt werden können. Den Unterschied kann man feststellen, wenn man die Pflanzen aus der Erde zieht. Die Wurzeln haben keinen Halt mehr im Boden, der Wurzelhals ist braun verfärbt.

Krankheitsfördernde Faktoren:
– Tagestemperaturen über 30 °C, Nachttemperaturen über 20 °C, hohe Luftfeuchtigkeit, die einen Wasserfilm auf den Blättern bildet und eine Infektion ermöglicht
– Hohe Bodentemperaturen
– Staunässe, Tau, Schattenlage, fehlende Luftzirkulation, Windstille
– Bodenverdichtungen
– Stickstoffüberschuss
– Kaliummangel
– Hohe pH-Werte
– Bei Neuanlagen und Nachsaaten: Zu dichter Pflanzenbestand durch zu hohe Saatstärke sowie zu tiefe Saatgutablage

Vorbeugung:
– Beregnung vorzugsweise in den frühen Morgenstunden, damit der Bestand schnell abtrocknen kann
– Beseitigung der Bodenverdichtungen
– Ausgeglichene und gleichmäßige Nährstoffversorgung
– Reduzierung des Rasenfilzes
– pH-Wert kontrollieren
– Bei Neuanlagen und Neuansaaten: Saatgutmenge und Ablagetiefe beachten!

Schwarzbeinigkeit
Die Schwarzbeinigkeit befällt vor allem *Agrostis*-Arten (Straußgräser) auf Problemflächen. Die Krankheit tritt hauptsächlich im Spätsommer, Herbst und Winter auf.

Schadbild:
Zu Beginn der Infektion treten kleine, eingesunkene Flecken von 5–10 cm Durchmesser und einer bleichen, bronzeartigen Färbung auf. Die Flächen können sich im weiteren Verlauf der Krankheit bis auf 1 m Durchmesser vergrößern. Im Zentrum der Flecken sterben die Gräser ab und werden durch Fremdkräuter oder die relativ resistente *Festuca* (Schwingel) ersetzt.

Krankheitsfördernde Faktoren:
– Bodenverdichtungen und Rasenfilz
– Hohe pH-Werte

Pilzerkrankungen

Schwarzbeinigkeit

– Unausgewogene Nährstoffsituation
– Staunässe

Vorbeugung:
– Reduzierung des Rasenfilzes zur besseren Wasserdurchlässigkeit
– pH-Wert-Messungen und eventuelle Korrektur nach unten
– Ausgewogene Düngergaben zur Stärkung der Rasenpflanzen

Echter Mehltau

Der Echte Mehltau tritt vor allem in Schattenlagen auf.

Schadbild:
Der Echte Mehltau befällt vor allem jüngere Blätter. Auf ihnen entwickelt sich nach der Infektion ein grau-weißer Belag, der sich zu einem mehlartigen Überzug entwickeln kann.

Krankheitsfördernde Faktoren:
– Bodenverdichtungen
– Staunässe
– Feuchtwarme Witterung
– Zu hoher Schnitt

Vorbeugung:
– Verbesserung der Lichtverhältnisse, wenn möglich
– Vertikutieren zur Reduzierung des Rasenfilzes
– Aerifizieren zur besseren Drainage
– Schnitt auf 2,5–3 cm

Wenn Sie sich unsicher sind, um welchen pilzlichen Schaderreger es sich in Ihrem Rasen handelt oder sobald die Befallserscheinungen gravierend auftreten, sollten Sie lieber einen Fachmann zu Rate ziehen. Dieser muss nicht bei Ihnen im Garten erscheinen, um sich das Gesamtbild anzusehen. Es genügt meist, wenn Sie nach vorheriger Absprache eine Bodenprobe mit Wurzeln und Boden sowie eine genaue Beschreibung des Schadbildes mit der Beschreibung des zeitlichen Ablaufs der Infektion einschicken, beispielsweise an eine Universität mit landwirtschaftlicher Untersuchungsanstalt, den amtlichen Untersuchungsdienst oder Spezialabors für Rasenprobleme (siehe Seite 122). Dort kann die Diagnose gestellt und eine Behandlung empfohlen werden. Wichtig ist: Schicken Sie ganze Pflanzen mit Wurzelwerk und Boden ein, nicht nur die oberirdischen Teile.

Pflegemaßnahmen und Prophylaxe

Die Verwendung von **Regel-Saatgut-Mischungen** bietet bereits im Frühstadium des Rasens einen gewissen Schutz gegen spätere Erkrankungen, da die verwendeten Sorten sehr hochwertig und Krankheiten gegenüber weniger anfällig sind als Billigmischungen. Allerdings können auch sie bei hohem Befallsdruck und Pflegefehlern infiziert werden.

Rasenprobleme erkennen und beseitigen

Regelmäßiges **Vertikutieren** sorgt für eine gute Durchlüftung der Rasentragschicht, was der Bildung von Nässe entgegenwirkt und Rasenfilz verringert. Auch wiederholtes Besanden der aerifizierten Flächen reduziert den Filz.

Darüber hinaus sollten Sie auf eine **ausgewogene Düngung** achten. Sowohl eine Über- als auch eine Unterversorgung mit Nährstoffen kann die Rasenpflanzen schwächen. Unterversorgte Flächen neigen zu Rotspitzigkeit. Überdüngung mit Stickstoff regt ein schnelles Pflanzenwachstum an, durch das die Zellwände häufig nur dünn ausgebildet werden und die Widerstandsfähigkeit sinkt. So tritt Schneeschimmel im Winter häufig nach einer stickstoffbetonten Herbstdüngung mit nachfolgendem Frost auf. Daher sollten Sie im Herbst nur kalibetonte Dünger mit wenig Stickstoff ausbringen. Kali erhöht die Widerstandsfähigkeit der Gräser durch eine Verdickung der Zellwände und fördert die Einlagerung von Reservestoffen in die Wurzeln.

Eine **sachgerechte Beregnung** ist vor allem während trockener Perioden notwendig. Steigen die Tagestemperaturen aber nicht so hoch, dass das Gras innerhalb der Vormittagsstunden abtrocknet, sollten Sie in den frühen Morgenstunden beregnen, damit das Gras noch genügend Zeit zum Abtrocknen hat. Allerdings sollten Sie nicht zu üppig beregnen, um einen lang anhaltenden Feuchtigkeitsschleier auf dem Rasen zu vermeiden. Abends sollten Sie generell nicht mehr beregnen. Außerdem sollte nicht zu häufig, dafür aber länger bewässert werden, um einen ständig feuchten Rasen zu vermeiden.

Tierische Schädlinge

Die meisten Schäden durch Tiere entstehen während der Hauptvegetationszeit, also zwischen Frühjahr und Spätherbst. Meist handelt es sich um Fraßschäden an ober- und unterirdischen Pflanzenteilen. Wenn die Schädlinge gleichzeitig Beutetiere für Dachse, Igel, Krähen oder Wildschweine sind, können die so genannten Sekundärschäden, die diese Tiere bei der Suche nach ihrer Beute anrichten, beträchtlich sein.

Häufige Schäden durch Tiere
– Welken
– Absterben
– Aufgerissene Rasensoden
– Kahlstellen
– Gänge und Erdhaufen

Insektenlarven

Die Larven bzw. Engerlinge einiger Käferarten waren in den letzten Jahren immer häufiger für große Schäden auf Golf- und Sportplätzen verantwortlich und können auch im Hausgartenbereich für Kummer sorgen. Im Rasen sind in erster Linie die Larven des Julikäfers und des Gartenlaubkäfers anzutreffen, der Maikäfer kommt hier nur selten vor. Nachdem die Larven aus den Eiern geschlüpft sind, verbringen sie mehrere Jahre im Wurzelraum der Pflanzen. In der ersten

Tierische Schädlinge

Zeit nach dem Schlupf ernähren sie sich vorwiegend von abgestorbenen Pflanzenteilen. Wenn sie älter und größer werden und ihr Nahrungsbedarf zunimmt, beginnen sie, die Pflanzenwurzeln zu fressen. Bei massenhaftem Auftreten der Larven kann man den Rasen wie einen Teppich von der Unterlage abheben – es existieren kaum noch Wurzeln, die ihn fest mit dem Untergrund verbinden könnten. Da sie auch kaum noch in der Lage sind Wasser aufzunehmen, welken die oberirdischen Teile und sterben ab. Besonders verhängnisvoll wird es, wenn Krähen die Larven entdecken: Auf der Suche nach ihrer Beute zerhacken sie die Grasnarbe buchstäblich. Auch Igel graben gerne nach den fetten Leckerbissen. Schlimmer kann der Schaden nur noch werden, wenn der Rasen in der Nähe eines Waldes liegt und Wildschweine die Fläche regelrecht umpflügen.

Die meisten Schadkäfer sind relativ standorttreu. Das heißt, dass auch die nachfolgenden Generationen oft auf demselben Areal ihre Eier ablegen. Wenn die Winter mild sind, kann eine kleine Anfangspopulation im Laufe der Jahre eine ansehnliche Zahl an gefräßigen Nachkommen produzieren. Der Reproduktionszyklus der Käfer ist je nach Art unterschiedlich lang und umfasst neun Monate bis vier Jahre.

Bekämpfung

Die Bekämpfung der Larven ist nicht einfach. Da die früher üblicherweise eingesetzten Insektizide mittlerweile verboten sind, wurden in den letzten Jahren alternative Bekämpfungsmöglichkeiten entwickelt. Anwendung

Sekundärschäden durch Wildschweine auf der Suche nach Engerlingen.

fanden sie zunächst auf Golf- und anderen Sportrasenflächen, jetzt stehen auch den Hausgartenbesitzern diese natürlichen Präparate zur Verfügung: die Gegenspieler der schädlichen Insektenlarven. Sie kommen in der Natur leider nicht in genügender Anzahl vor, um die Larven zu unterdrücken. Daher bleibt nichts anderes übrig, als diese Organismen gezielt dort auszubringen, wo sich ihre Beute befindet.

Diese natürliche Bekämpfungsmethode ist nicht so einfach wie die Handhabung chemischer Präparate, die allerdings nicht nur die schädlichen, sondern alle Insekten- und Larvenarten gleichermaßen erfasst. Da die jeweiligen Organismen auf bestimmte Wirtsarten spezialisiert sind, muss vor ihrer Ausbringung die ge-

Rasenprobleme erkennen und beseitigen

Maikäfer in verschiedenen Entwicklungsstadien.

naue Art der Larven bekannt sein. Doch die verschiedenen Larvenstadien der Insekten ähneln sich sehr und machen die Artbestimmung schwierig. Am besten sammeln Sie einige unterschiedlich große und eventuell auch farblich differenzierte Larven ein und lassen sie durch Fachleute bestimmen. Dann bekommen Sie bei weiteren Fragen auch eine fachgerechte Beratung.

Der **Gartenlaubkäfer** kann erfolgreich mit Fadenwürmern (Nematoden) bekämpft werden. Die Würmer sind mikroskopisch klein und die einzusetzende Gattung befällt nicht die Pflanzen, sondern parasitiert die Käferlarven.

Nach dem Ausbringen von Fadenwürmern muss die Fläche ausreichend, aber nicht übermäßig beregnet werden. Die Nematoden können sich zwar bewegen, aber auf Grund ihrer geringen Größe nur sehr langsam. Da sie gegenüber UV-Strahlung und Austrocknen sehr empfindlich reagieren, sollten Sie die Nützlinge nur bei gemäßigten Temperaturen von ca. 22 °C und Bewölkung ausbringen. Am besten abends, so dass sie während der Nacht zumindest in die obere Bodenschicht eindringen können. Falls das Präparat gelagert werden muss, sollte der Ort dafür mäßig temperiert, dunkel und frostfrei sein. Nematoden sind auch empfindlich gegenüber Kälte. Besser ist es, das Präparat umgehend auszubringen, da jede Lagerung seine Wirksamkeit herabsetzt.

Auch wenn diese Methode sehr wissenschaftlich klingt, entspricht sie doch genau dem natürlichen Wechselspiel zwischen Räuber und Beute. Sie wurde in jahrelanger Arbeit entwickelt und ist sehr wirksam. Im Unterschied zum Einsatz von Insektiziden tritt ihre Wirkung nach einer sachgerechten Ausbringung erst nach einiger Zeit ein. Doch diese Bekämpfung trifft tatsächlich nur die unerwünschten Schädlinge. Andere im Boden lebende Organismen werden nicht beeinträchtigt. Die Wirkung des Präparats kann bis in die nächste Saison andauern, vorausgesetzt, der nachfolgende Winter ist nicht zu frostig. Die Populationen der Fadenwürmer werden durch das Nahrungsangebot in ihrer Ausbreitung beeinflusst – solange es viele Larven gibt, wird die Populationsstärke hoch sein; nimmt die Anzahl der Larven ab, reduziert sich auch die Populationsdichte ihrer Gegenspieler.

Der relativ selten im Rasen vorkommende **Maikäfer** kann am besten me-

Tierische Schädlinge

chanisch bekämpft werden. Beim Vertikutieren und Aerifizieren werden vor allem Larven im ersten und zweiten Larvenstadium erfasst und so die Population mit der Zeit stark dezimiert. Dieselbe Bekämpfungsmethode gilt auch für den **Junikäfer**, der ebenfalls nur selten im Rasen zu finden ist, bei starkem Befall aber schwer wiegende Schäden hervorrufen kann.

Auch einige **Schmetterlingslarven** können als Rasenschädlinge auftreten und Wurzeln und Blätter abfressen. Die Folgen sind auch hier Welke- und Absterbeerscheinungen. Vor allem die älteren Larven sind groß genug, um sie in den frühen Morgenstunden oder abends, wenn sie zur Nahrungssuche an die Bodenoberfläche kommen, absammeln zu können. Den Tag über verbergen sie sich in der oberen Bodenschicht. Hier gibt es leider keine geeigneten natürlichen Bekämpfungspräparate, allerdings haben diese Schädlinge auch keine große Bedeutung im Rasen.

Findet man auf der Suche nach Schmetterlingslarven in den frühen Morgenstunden vor allem bei starker Taubildung aschgraue, beinlose, etwa 5 cm lange Larven, so handelt es sich um die **Larven der Wiesenschnaken**. Auch sie sind Rasenschädlinge, die bei Massenbefall großen Schaden anrichten können. Leider gibt es auch in diesem Fall nur eine Möglichkeit, die Tiere loszuwerden: Sie müssen aufgesammelt werden.

Regenwürmer

Normalerweise ist der Regenwurm in Hausgärten ein gern gesehener Gast. Er ernährt sich größtenteils von abgestorbenen Pflanzenteilen und führt somit organisches Material in den Stoffkreislauf zurück. Außerdem gräbt er sich Wohnröhren und beeinflusst damit die Luft- und Wasserverhältnisse im Boden positiv. Treten Regenwürmer aber in größeren Mengen im Rasen auf, können sie Probleme verursachen. Ihre Verdauungsprodukte sowie die Erde, die beim Graben ihrer Wohnröhren anfällt, setzen sie als trichterförmige Anhäufungen an der Bodenoberfläche ab. Diese kleinen Kegel trocknen bei warmem Wetter aus und zerfallen. Bei Nässe führen sie zu schmierigen Verklebungen zwischen den Gräsern. Gerade wenn eine Rasenfläche als Spielwiese oder zum Sport genutzt wird, sind diese Häufchen sehr unangenehm, vor allem wenn sie in größerer Menge auftreten.

Bekämpfung

Die Gegenmaßnahmen, die Sie bei massenhaftem Auftreten treffen können, sind langwierig und beschränken

Diese typischen „Häufchen" verraten Regenwurmaktiviäten.

Rasenprobleme erkennen

sich auf die Entfernung des Mähguts vom Rasen, um den Regenwürmern diese Nahrungsquelle zu nehmen. Außerdem sollten Sie den Rasen regelmäßig belüften und besanden, um die Bodenschichten etwas auszutrocknen. Nach ergiebigen Niederschlägen kommen die Tiere oft an die Oberfläche, wenn ihre Wohnröhren überschwemmt sind. Dann können sie leicht abgesammelt werden. Entfernen Sie die Tiere am besten ganz aus Ihrem Garten, damit sie nicht aus den Beeten wieder in den Rasen zurückkehren. Sie fühlen sich auch im Wald oder auf anderen grünen Flächen sehr wohl!

Maulwürfe

Sie gehören zu den wenigen, ständig im Boden wohnenden Wirbeltieren und verlassen ihre unterirdischen Gänge nur im Frühjahr zur Paarung. Bei der Anlage der Gänge schieben sie den Boden vor sich her. Sie ernähren sich von im Boden lebenden Kleintieren und vertilgen dabei auch jede Menge Schädlinge wie Insektenlarven und Schnecken. Die berüchtigten Maulwurfshügel entstehen bei der Jagd nach diesen Beutetieren. Wenn die Erde der Hügel nicht rasch genug entfernt wird, stirbt das Gras darunter ab. Darüber hinaus bilden sich Unebenheiten auf der Rasenoberfläche, die beim Mähen hinderlich sind und hohe Stolpergefahr bergen.

Nur fürs Auge idyllisch: Maulwurfshügel im Morgenreif.

Rasenprobleme erkennen und beseitigen

Bekämpfung

Den Maulwürfen ist mit einer Existenz vernichtenden Bekämpfung schlecht beizukommen: Sie sind durch die Bundesartenschutzverordnung geschützt und die zuständige Behörde muss vor der Bekämpfung ihre Genehmigung geben. Die Chance, eine solche für den eigenen Hausgarten zu bekommen, ist allerdings gleich Null. Eine Bekämpfung auf eigene Faust kann angezeigt und mit einer Geldstrafe belegt werden!

Alternativ zur chemischen Bekämpfung gibt es zahlreiche Hausmittel, die den Maulwurf aus dem Garten vertreiben. Da er ziemlich geräuschempfindlich ist, kann man über den Gängen Flaschen bis zum Hals in die Erde graben. Die Töne, die durch den darüber streichenden Wind erzeugt werden, sollen die Tiere zur Abwanderung bewegen. Auch stark riechende Materialien wie Mottenkugeln oder mit Petroleum oder Terpentin getränkte Lappen, die in den Gängen platziert werden, können ihn vertreiben. Der Handel bietet außerdem allerlei Duftwässerchen an, die den Maulwurf außer „Riechweite" bringen sollen.

Mäuse

Als Rasenschädlinge kommen unter den Mäusen die Scher- und die Feldmaus in Frage. Beide gehören zur Familie der Wühlmäuse. Die Feldmaus stört im Rasen, indem sie Mäuselöcher gräbt und oberirdische Laufgänge anlegt. Außerdem frisst sie grüne Pflanzenteile und nagt an Wurzeln. Die Schermaus dagegen gräbt unterirdische Gänge und wirft dabei Haufen von überflüssigem Boden- und Pflanzenmaterial auf die Oberfläche. Neben diesen Unebenheiten richten Schermäuse auch Fraßschäden an unterirdischen Pflanzenteilen an, vor allem bei Bäumen und Sträuchern. Wühlmäuse findet man oft in Gärten, die sich in der Nähe von Streuobstwiesen, Feldern oder Wald befinden – von hier aus wandern sie ein.

Bekämpfung

Um den Mäusen den Aufenthalt im Garten so unangenehm wie möglich zu machen, sollte man das Gras auf jeden Fall kurz halten, damit wird ihnen die Deckung genommen. Außerdem können Sie versuchen, die Tiere mit Köderfallen lebend zu fangen und an einem entfernten Ort auszusetzen.

Eine andere Methode, die Wühlmäuse abwehren soll, ist ein Drahtgeflecht in 10 cm unter der Rasenober-

> **Sicherheitshinweise für den Umgang mit chemischem Präparaten**
> Bei der Verwendung chemischer Präparate sollten Sie die Bedienungsanleitung und die Herstellerhinweise unbedingt beachten! Diese Substanzen können auch den Menschen gefährlich werden. Verwenden Sie die Mittel deshalb verantwortungsbewusst und bewahren Sie sie fern von Kindern auf. Bei der Handhabung sollten Sie mit Handschuhen arbeiten und sich danach gründlich die Hände waschen. Köder sollten unerreichbar für Kinder sowie Haus- und Wildtiere ausgebracht werden. Die Hersteller geben hierzu Hinweise.

Tierische Schädlinge

fläche. Am einfachsten ist es bei einer Neuanlage anzubringen, da es dann nur noch mit Boden abgedeckt werden muss. Bei bestehenden Flächen müssen Sie dagegen den Rasen und die Bodenschicht abtragen. Das Drahtgeflecht verhindert, dass Mäuse oder Maulwürfe einwandern oder an die Oberfläche kommen, doch selbst bei hochwertigem Material kann nicht ausgeschlossen werden, dass das Metall im Laufe der Zeit korrodiert. Darüber hinaus verfangen sich tief wurzelnde Kräuter im Geflecht und können durch Ausstechen oder Herausziehen nicht mehr entfernt werden.

Wer über die Mäuseplage mit schonenden Mitteln nicht mehr Herr wird, kann im Handel auch Fallen mit tödlicher Wirkung, Gaspatronen, speziell präparierte Nahrungswürfel sowie Giftweizen mit verschiedenen Wirkstoffen finden. Dazu gräbt man die ersten 20 cm eines Mauselochs auf und gibt den Köder hinein. Wird dieses Loch wieder verschlossen, so ist der zugehörige Gang noch bewohnt, die Mäuse sind noch am Leben. Der Erfolg von Giftködern kann natürlich nicht unbedingt überprüft werden, da die Tiere meist in ihren Gängen verenden. Trotzdem sollte man einen Überblick über solche Aktionen behalten, um sie rechtzeitig beenden zu können.

Sie sollten sich den Nagern so früh wie möglich zur Wehr setzen. Mäuse haben eine sehr hohe Vermehrungsrate und die Generationenabfolge ist sehr kurz. Daran sollten Sie denken, wenn Sie eine Maus in Ihrem Rasen oder Garten beobachten. In größerer Anzahl, gepaart mit Bodenunebenhei-

Ungebetener Gast: Scher- oder Wühlmaus.

ten und Laufgängen, hat man meistens nicht mehr sehr viel Freude an ihrem Anblick.

Übrigens: Mäuse lassen sich ungern in häufig frequentierten Flächen nieder. Wenn Ihr Rasen auch als Spielplatz regelmäßig und ausgiebig betreten wird, suchen die Nager oft von selbst das Weite.

Ameisen

In den meisten Gärten finden sich über kurz oder lang Ameisen ein. Sie sind Staaten bildende Insekten und treten demnach in größerer Anzahl auf. Wo sie sich wohl fühlen, nehmen ihre Bauten schnell an Umfang zu. Aus ökologischer Sicht ist gegen die Anwesenheit der Ameisen im Garten nichts einzuwenden. Im Gegenteil –

Rasenprobleme erkennen und beseitigen

Ameiseneier

sie leisten einen bedeutenden Beitrag zur Ausgewogenheit des biologischen Gleichgewichts, indem sie als Allesfresser organisches Material beseitigen. Dazu gehören nicht nur abgestorbene Pflanzenteile, sondern auch tote Tiere, deren Abbau durch Mikroorganismen viel langsamer vonstatten gehen würde. Sie greifen, wenn sich die Gelegenheit ergibt, auch lebende Tiere an, beispielsweise Larven und andere langsame Tiere.

In unseren Breiten kommen vor allem drei Ameisenarten vor: Die Weg-, die Holz- und die Rasenameise. Sie legen ihre Bauten gerne in sonnigen, sandigen Lagen an, zum Beispiel an Wegrändern, unter Platten und Steinen, in Mauerspalten und auch im Rasen. Die verzweigten Bauten können im Laufe der Zeit große Dimensionen annehmen. Ameisen bevorzugen kohlenhydrathaltige Nahrung, zum Beispiel Früchte oder Honigtau, die zuckerhaltigen Ausscheidungen von Blattläusen. Weniger gern gesehen wird es, wenn die Ameisen zur Gewinnung des Honigtaus ganze Blattlauskolonien an Stauden oder auf Bäumen ansiedeln und pflegen.

Ameisenbauten, die sich in der Nähe der Terrasse oder unter Wegplatten befinden, geben ebenfalls wenig Anlass zur Freude, da die Tiere leicht den Weg ins Haus finden. Darüber hinaus verursachen sie an Wegen und Terrassen Schäden und die Unebenheiten erhöhen die Stolpergefahr.

Im Rasen liegende Ameisenbauten bilden mit der Zeit buckelige Hindernisse, die alle Arbeiten mit Geräten erschweren. Auch im Rasen wird die uneingeschränkte Nutzung durch Ameisenstraßen erschwert.

Bekämpfung

Ehe Sie bei der Ameisenbekämpfung zur „chemischen Keule" greifen, gibt es noch einige Tipps, die Sie vorher ausprobieren sollten. Ameisen lieben sandigen Untergrund, und da viele Wegplatten und Terrassen auf solchem verlegt werden, sind sie für eine Ameisenbesiedlung prädestiniert. Wählen Sie also besser andere Untergrundmaterialien.

Achten Sie prophylaktisch darauf, dass auf der Terrasse keine Speisereste wie Brotkrümel liegen bleiben, die die Tiere anziehen könnten.

Ameisen orientieren sich an Duftmarken, die sie auf ihren Wegen wieder in den Bau zurückführen. Werden diese Duftmarken kontinuierlich entfernt und durch andere, unangenehme Düfte überlagert, verlieren die Ameisen ihre Orientierung und können vertrieben werden. In Frage kommen im Terrassen- und Hausbereich Essigwasser, Zimt oder Parfüm. Bereits bestehende Ameisenstraßen im Haus können Sie auch mit Backpulver und frischer Hefe bestreuen. Diese Backtriebmittel werden von den Ameisen gerne gefressen, haben aber den Nachteil, dass sie in ihrem Verdauungstrakt denselben Effekt haben wie im Teig – sie entwickeln Gase, an denen die Tiere eingehen. Daher sollten Sie erst dann zu diesem Mittel greifen, wenn Essigwasser und anderes versagt haben oder wenn eine Invasion stattfindet, die Ihre Schmerzgrenze übersteigt.

Im Garten kann man mit Lavendel, Thymian, Majoran, Tomaten und Farnkraut für pflanzliche Barrieren sorgen, die die Ameisen meiden. Die Wirkung kann durch Verwendung einer Lavendel- oder Wermutjauche erhöht werden: circa 300 g frische Pflanzen werden in 10 l Wasser 14 Tage lang angesetzt und die Flüssigkeit dann ausgebracht.

Haben sich die Tiere erst einmal im Rasen etabliert, sollten Sie dem Bau möglichst rasch einen Blumentopf überstülpen. Die Ameisen ziehen dort sehr gerne ein und können dann umgesiedelt werden. Überprüfen Sie, ob ein Topf genügt. Eventuell müssen Sie den Vorgang wiederholen, damit die Königin, die den ganzen Nachwuchs produziert, nicht zurückbleibt und den Staat wieder neu bevölkert.

Wenn nun alle alternativen, umweltschonenden Mittel einer Ameisenplage nicht entgegen wirken, bleibt Ihnen sowohl im Haus als auch im Garten noch der Griff zur Chemie. Es gibt eine Reihe sehr effektiver Mittel, die speziell für die Anwendung im Haus sowie Haus- und Kleingartenbereich zugelassen sind und dort gegossen oder gestreut werden. Sollten Sie kleine Kinder haben, treffen Sie bitte entsprechende Vorsichtsmaßnahmen, vor allem bei kugeligen Streupräparaten! Am besten suchen Sie den Bau der Ameisen und bringen das Präparat direkt dort aus.

Unerwünschte Pflanzen im Rasen

Algen

Bei lang anhaltender feuchter Witterung oder Staunässe und gemäßigten Temperaturen können sich auf dem Rasen Algen ansiedeln, deren hauptsächlichen Lebensraum man eigentlich im Wasser vermutet. Sie gehören zu den ursprünglichsten Lebewesen und sind die ältesten, Photosynthese betreibenden Pflanzen. In Bezug auf ihre Lebensbedingungen sind sie sehr anspruchslos. Sie benötigen lediglich Wasser, Licht und bevorzugen im Gegensatz zu Rasengräsern einen im neutralen oder leicht basischen Bereich liegenden pH-Wert. Algen produzieren eine Reihe hochwertiger organischer Substanzen, die in aufbereiteter Form oft in Pflanzenstärkungsmitteln (siehe Seite 116f., 121f.) wiederzufinden sind.

Durch ihre genügsame Lebensweise sind Algen fast an allen Standorten zu

Rasenprobleme erkennen und beseitigen

finden, sofern diese über ausreichend Wasser verfügen. Sie sind Teil des Bodenlebens und treten meist nicht sichtbar in Erscheinung. Erst wenn Bedingungen herrschen, die ihre Ausbreitung fördern und die Gräser benachteiligen, nehmen sie überhand und kommen im Laufe der Zeit zum Vorschein.

Die für den Rasen problematischste Art sind die **Blaualgen**. An Standorten, die günstige Voraussetzungen für Algen mit sich bringen, ist die Grasnarbe häufig bereits lückenhaft und oft auch kurz gehalten, so dass den Algen genügend Licht zur Verfügung steht. Sie sind in der Lage, sich explosionsartig zu vermehren und sie bedecken dann die lückenhaften Stellen mit einer dunklen Gallertschicht, die an der Luft bei nachfolgender Trockenheit relativ rasch zu einer schwarzen Kruste abtrocknet. Sowohl die Gallertschicht als auch die Kruste sind Wasser abweisend, so dass kein Wasser mehr in den Wurzelraum der Gräser abfließen kann. Es verbleibt zunächst eine Zeit lang auf der Oberfläche und fließt entweder zu benachbarten Stellen ab oder verdunstet.

Auch unterirdisch können Algen auf diese Weise großen Schaden anrichten. Die Gräserwurzeln verkümmern und sterben mit der Zeit ab. Unterstützt wird dieser Schaden noch dadurch, dass einige Algenarten Substanzen absondern können, die auf die Rasenpflanzen toxisch wirken. Damit verdrängen sie die Gräser bei günstigen Umweltbedingungen. Einmal etablierte Algen können recht gut Trockenperioden überstehen. Sie trocknen zunächst aus, nehmen bei den nächsten Niederschlägen wieder Wasser auf und breiten sich weiter aus. Mit der Zeit können sie sich dann auch von

Verkrustete Algenschicht zwischen abgestorbenen Gräsern.

Unerwünschte Pflanzen im Rasen

der Oberfläche nach unten in die Rasentragschicht ausbreiten und dunkle, übel riechende Schichten bilden. Die Bedingungen, die in diesen Bereichen durch die Einwirkung der Algen hervorgerufen werden, verdrängen die anderen Mikroorganismen im Boden. Es fehlt vor allem an ausreichend Sauerstoff, der zur Aufrechterhaltung der biologischen Abläufe im Wurzelraum unverzichtbar ist. Die Algen stellen demnach einen Eingriff in das biologische System dar, dessen Funktionieren lebenswichtig für die Gesunderhaltung der Rasenpflanzen ist.

Filzschicht im Rasen.

Den Algen zuvorkommen

Chemische Mittel, mit denen Sie die Algen rasch und effektiv eliminieren können, gibt es nicht. Deshalb liegt die Algenbekämpfung in erster Linie in der Prophylaxe: Sie können viel dafür tun, damit ein Algenbefall nicht eintritt oder nur begrenzte Ausmaße annimmt.

Zunächst ist es wichtig, gerade auf strapazierten, viel genutzten Rasenflächen den Bodenverdichtungen entgegenzuwirken. Vertikutieren und aerifizieren Sie den Rasen lieber einmal zu viel als zu wenig. Einmal jährlich sollten Sie das Aerifizieren mit dem Ausbringen einer Sandschicht kombinieren. Am besten kehren Sie den Sand in die Aerifizierlöcher, damit er in die Rasentragschicht eindringen und dort die Wasserableitung fördern kann. Auch der Gasaustausch kann mit dieser Maßnahme gefördert werden. Durch das Vertikutieren reduzieren Sie den Rasenfilz, der ideale Lebensbedingungen für Algen bietet.

Bodenverdichtungen können auch vorbeugend vermieden werden, indem Sie stark strapazierte Bereiche schonen: Wechseln Sie öfter Ihren Sitzplatz oder breiten Sie die Kinderspieldecke immer wieder an verschiedenen Stellen auf dem Rasen aus, wenn die räumlichen Möglichkeiten es zulassen.

Herrschen in Ihrem Garten optimale Bedingungen für das Algenwachstum, also Schattenlage und/oder Neigung zu Bodenverdichtungen, sollten Sie eine Beregnung der Rasenfläche nur bei anhaltender Trockenheit in Erwägung ziehen. Gerade bei Algenproblemen hat sich die Spatenprobe (siehe Seite 54) sehr bewährt, um Aufschluss über das Versickerungsverhalten in verschiedenen Bereichen des Rasens zu erhalten.

Algen etablieren sich besonders erfolgreich auf Kahlstellen. Säen Sie also nach und halten Sie die Rasennarbe dicht.

Falls Sie Ihren Rasen mit Oberflächenwasser aus einem Teich oder einer Zisterne beregnen, sollten Sie daran denken, dass sich in jedem ste-

Rasenprobleme erkennen und beseitigen

henden Gewässer mit der Zeit Organismen wie Algen ansiedeln. Bei der Beregnung bringen Sie die Algen mit dem Beregnungswasser auf der Fläche aus. Auch ein Rasen mit noch so guter Dränagewirkung, ausreichend durchlüftetem Boden ohne Rasenfilz und guter Nährstoffversorung kann einem solchen Dauereintrag von Algen nicht standhalten. Über kurz oder lang werden sie sich ansiedeln und ausbreiten. Die handelsüblichen Filter, die in einem solchen Fall oft angebracht werden, sind leider ziemlich wirkungslos, da sie nach kurzer Zeit verstopfen und immer wieder gereinigt werden müssen. Die bessere – allerdings teurere – Alternative besteht in der Verwendung von Leitungswasser, das natürlich frei von Algen und anderen Verunreinigungen ist.

Tipps zur Algenbekämpfung
– Algen durch Vertikutieren mechanisch entfernen
– Bildung von Rasenfilz vermeiden
– Aerifizieren und Besanden zur Bodendurchlüftung
– Verbesserung der Drainage
– Bodenlockerung
– Kahlstellen nachsäen
– Starke mechanische Dauerbelastung vermeiden
– Beregnung reduzieren
– Keine Beregnung mit Wasser aus stehenden Gewässern
– Staunässe vermeiden
– Ausreichend düngen
– Gräser nicht zu tief schneiden
– Schattenspender nach Möglichkeit reduzieren

Haben sich die Algen doch einmal etabliert, so muss zunächst die Algenkruste entfernt werden, da an ihr jede Regenerationsmaßnahme scheitert. Ist sie entsprechend dick, können Sie sie flach mit einer Schaufel abnehmen. Ansonsten reißen Sie die Kruste am besten mit einem Eisenrechen auf – je gründlicher, desto besser – und besanden die behandelten Flächen. Dieses Verfahren ist für die eventuell noch übrig gebliebenen Gräser nicht gerade schonend, aber unumgänglich. Also schrecken Sie nicht davor zurück, die wenigen verbliebenen Hälmchen auch noch zu beharken!

Anschließend gelten alle Maßnahmen, die zur Vorbeugung beschrieben wurden: Vertikutieren, Aerifizieren und Besanden. Am besten bringen Sie den Sand über einen größeren Zeitraum in mehreren Gaben auf die Rasenfläche. Um Kahlstellen zu vermeiden, sollten Sie auch nachsäen. Dabei empfiehlt es sich, das Saatgut mit Sand zu vermischen, der mit der Zeit in den Boden eingewaschen wird und dort ebenfalls zur Durchlüftung und besseren Drainage beiträgt.

Moose

Auch die Moose gehören zu den niederen Pflanzen, die sich einst aus den Grünalgen entwickelt haben. Sie sind wie die Algen sehr anspruchslos in ihren Umweltanforderungen und gedeihen im Gegensatz zum Gras sehr gut auf feuchten, nährstoffarmen Böden mit eingeschränkter Sonneneinstrahlung. Die Wasseraufnahme erfolgt über den gesamten Pflanzenkörper. Da Moose keinen Verdunstungsschutz

Unerwünschte Pflanzen im Rasen

haben, sind die meisten Arten auf Standorte angewiesen, die ihnen dauerhaft die nötige Feuchtigkeit zum Überleben liefern. Die meisten bei uns heimischen Moose gelten daher als Waldbewohner.

Ursachen des Moosbefalls
Auf dem Rasen entsteht Moosbefall oft durch **Beschattung** unter Bäumen und Sträuchern sowie in der Nähe von Gebäuden. Dabei handelt es sich häufig um Torfmoose (*Sphagnum*), deren Polster von unten her absterben und Torfschichten bilden. Oft trifft man auch das dicht wachsende und stark verdrängende Silber-Birnmoos (*Bryum argenteum*) an. Seine Polster dringen einige Zentimeter in den Boden ein und nehmen bei ausreichender Feuchtigkeit eine dunkelgrüne Farbe an, während sie in trockenem Zustand silbrig glänzen.

Moose können auch durch **Pflegefehler** in ihrer Entwicklung begünstigt werden. Zum Beispiel, wenn nicht häufig und tief genug gemäht wird, so dass die Gräser allein durch ihre Höhe für eine gewisse Beschattung des Untergrundes sorgen. Langes Gras trocknet außerdem langsamer ab als kurz geschnittenes und bietet so den Moosen ausreichend **Feuchtigkeit**. Diese entsteht auch durch Bodenverdichtungen, wodurch das Regenwasser in den oberen Bodenschichten angestaut wird.

Auch eine unzureichende **Düngung** kann das Wachstum von Moos fördern, da Nährstoffmangel die Gräser schwächt und eine lückenhafte Bodendeckung hervorruft. Im Gegenzug erhalten die Moose durch den abge-

Zeichen für verdichteten Boden und Luftmangel: schwarze Bereiche in der Rasentragschicht.

> **Kalken gegen Moos**
> Ein saurer Boden begünstigt nicht generell das Mooswachstum. Beim Kalken wird zwar der Moosbefall reduziert, aber das ist nicht auf den Anstieg des pH-Wertes, sondern auf die schnelle Reaktionsänderung im Boden zurückzuführen, die dem Moos nicht gut bekommt.

magerten Boden einen Konkurrenzvorteil und können sich verstärkt etablieren. Da Moosbefall vor allem im Frühjahr durch die feuchte Witterung begünstigt wird, sollte ihm mit einer ausreichenden Herbstdüngung vorgebeugt werden.

Auch der **pH-Wert** des Bodens kann eine Ursache für das Überhandnehmen des Mooses im Rasen sein. Ist der pH-Wert nicht optimal für die Gräser, so macht ihm das Moos Konkurrenz. Optimale Wachstumsbedingungen hat der Rasen bei einem schwach sauren

Rasenprobleme erkennen und beseitigen

Stark vermooste Rasenfläche.

Moosentfernung per Handvertikutierer.

Fläche nach dem Vertikutieren.

Bodenmilieu, also einem pH-Wert zwischen 6 und 7 (siehe Seite 9). Generell ungünstig sind schwere lehmige und tonige Böden, schlimmstenfalls noch durch frühere Baumaßnahmen verdichtet.

Wie bei den meisten Problemfällen im Rasen ist auch die Ursache des Moosbefalls in den seltensten Fällen auf einen einzigen Faktor zurückzuführen. Meist sind es mehrere, für das Moos günstige und die Graspflanze ungünstige Verhältnisse, die sich ergänzen und das biologische Gleichgewicht verschieben. Sobald das Gras zurückgedrängt wird, gewinnt das Moos die Oberhand.

Moose bekämpfen
Zunächst empfiehlt es sich, die Rasenfläche zu vertikutieren (siehe Seite 65ff.), um das Moos zu reduzieren. Dabei genügt eine Tiefe von maximal 1 cm, um nicht allzu weit in den Wurzelraum der Graspflanzen vorzudringen und übermäßigen Schaden anzurichten. Die relativ bequeme Handhabung des Vertikutierers erlaubt bei starkem Befall einen zweiten und gegebenenfalls dritten Durchgang. Entfernen Sie zur Kontrolle das Vertikutiergut nach jedem Arbeitsgang und entscheiden Sie anhand des Ergebnisses, ob Sie die Behandlung fortsetzen. Um diese Handarbeit etwas zu erleichtern, können die vermoosten Stellen ungefähr eine Woche vor dem Vertikutieren mit einem Eisen-II-Sulfat behandelt werden, das im Handel als Moosvernichter von vielen Firmen angeboten wird – oft auch als Kombinationspräparat mit Rasendünger (siehe Seite 115). Die enthaltenen Eisenver-

Unerwünschte Pflanzen im Rasen

bindungen schädigen die Moospflanzen, so dass sie sich braun färben und absterben. Das Gras wird durch den Moosvernichter nicht in Mitleidenschaft gezogen.

Mit der Nachsaat der Kahlstellen, die nach dem Vertikutieren unumgänglich ist, sollten Sie allerdings einige Wochen warten, da das Präparat keimhemmend wirken kann. Am besten säen Sie eine schnell keimende Regenerations-Mischung oder je nach Standort auch eine Schattenrasen-Mischung aus. Beide können sich gegen das Moos besser durchsetzen. Vor der Saat sollten die Kahlstellen mit Mutterboden abgedeckt werden. Regelmäßiger Rasenschnitt mit einer optimalen Schnitthöhe von 4–5 cm, ausreichende Düngung sowie regelmäßiges Durchlüften des Bodens können die neu etablierte Rasenfläche vor einem wiederkehrenden Moosbefall schützen. Bei den ersten Anzeichen kann mit Vertikutieren begonnen werden, so dass sich das Moos gar nicht erst in großem Umfang im Rasen etablieren kann.

Wer die Möglichkeit hat, kann nach dem Vertikutieren gleich noch aerifizieren, um eventuelle Bodenverdichtungen zu beheben und die Gefahr der Staunässe zu reduzieren.

Ein ganz entscheidender Faktor für die Moosbekämpfung ist die Beseitigung oder Reduzierung von Schatten. Prüfen Sie also, ob Sie Bäume und Sträucher entweder entfernen oder zurückschneiden können. Beregnen Sie die bemoosten Areale in der trockenen Jahreszeit zurückhaltender als die nicht befallenen. Solange es noch Probleme mit Staunässe gibt, sollten Sie vor der Bewässerung überprüfen, wie hoch der Feuchtigkeitsgehalt des Bodens an diesen Stellen tatsächlich ist.

Die Schnitthöhe auf Flächen, die zum Vermoosen neigen, sollte angehoben werden. Außerdem sollten Sie auf eine ausreichende Düngung achten, um die Gräser besser mit Nährstoffen zu versorgen.

Eine Alternative zur Regeneration einer stark vermoosten Rasenfläche liegt in ihrer Akzeptanz. Vor allem, wenn durch eine starke, nicht zu beeinflussende Beschattung ständige Bekämpfungsmaßnahmen vorprogrammiert sind. Ein Moosrasen braucht wenig Pflege. Je weniger Gräser vorhanden sind, desto seltener muss die Fläche gemäht werden. Auch die Düngung entfällt weitgehend, da Moose sehr genügsame Pflanzen sind. Im Allgemeinen zeigt der Moosrasen fast das ganze Jahr über eine schöne, sattgrüne Farbe und bietet durch seinen weichen Untergrund ein angenehmes Gehgefühl. Allerdings birgt er

---

Moosbekämpfung kurzgefasst
– bei starkem Befall Dünger mit Moosvernichter ausbringen
– Vertikutieren zur mechanischen Entfernung
– Nachsaaten bei Kahlstellen
– Schattengräser verwenden
– Aerifizieren zur Bodenbelüftung
– regelmäßig mähen
– ausreichend düngen
– Schattenspender nach Möglichkeit reduzieren
– Luftzufuhr ermöglichen
– Beregnung reduzieren

Rasenprobleme erkennen und beseitigen

einen gravierenden Nachteil: Durch die oberflächliche Bewurzelung ist er weder tritt- noch scherfest. Da er mechanischen Belastungen nicht standhalten kann, ist er keinesfalls in der Lage, einen belastungsfähigen Funktionsrasen zu ersetzen.

Unkräuter

Mindestens genauso störend wie Moose und Algen empfinden viele Hobbygärtner im Rasen unerwünschte Kräuter oder Gräser, landläufig als Unkräuter und Ungräser bezeichnet. Sie beeinträchtigen das optische Erscheinungsbild durch Rosettenbildung, Blattbreite, abweichende Wuchsform wie Vorwüchsigkeit, vorzeitige Stängelbildung oder ihre andersartige Färbung, die sich bei blühenden Unkräutern natürlich besonders vom Einheitsgrün des Rasens abhebt.

Krautige Pflanzen brauchen eigentlich andere Standortbedingungen als ein gut gepflegter Rasen. Größtenteils bevorzugen sie eher magere Böden. Außerdem verkraften sie im Gegensatz zu Rasengräsern den ständigen Massenverlust nach dem Schnitt nicht und gehen ein, ohne zu blühen und zu fruchten. Allerdings gibt es unter den Unkräutern einige, die sich an diese Standortbedingungen gewöhnt haben und sich ganz hervorragend anpassen. Sie reagieren auf häufigen Schnitt mit einer Änderung ihrer Wuchsform, indem sie bevorzugt Rosetten und kurze Stängel bilden, um den Scheren des Rasenmähers zu entgehen. Sie können auch erstaunlich schnell wieder blühen und oft sieht der Rasen eine Woche nach dem Mähen wieder genauso bunt aus wie vorher.

Ursachen für Verunkrautungen im Rasen gibt es viele. Schon bei der Anlage der Rasenfläche mit Mutterboden fängt es an: Je nach Herkunft und Lagerung kann er zahlreiche Unkrautsamen enthalten. Mit der Ansaat des Rasens sollten Sie deshalb einige Zeit warten und währenddessen gründlich bewässern – zum einen, um nachträgliche Setzungen ausgleichen zu können, zum anderen, um Unkrautsamen zum Keimen zu bringen. Vor der Rasenaussaat können diese dann gejätet werden. Oft werden die fremden Gräser und Kräuter auch durch Samenflug oder Vögel in den Rasen eingeschleppt.

Manche Unkräuter siedeln sich bevorzugt an Kahlstellen an, andere stört auch eine dicht bewachsene Fläche nicht. Der Grad der Verunkrautung kann im Laufe der Jahre stark zunehmen.

Man unterscheidet zwischen Samen- und Wurzelunkräutern. Die Unkäuter der ersten Gruppe sind in der Regel einjährig, nach einer Vegetationsperiode sterben sie ab. Um das Überleben ihrer Art sicherzustellen, produzieren sie eine große Anzahl von Samen.

Die Wurzelunkräuter zeichnen sich durch schnelles Wachstum sowie hohes Anpassungsvermögen an ungünstige Umweltbedingungen aus. Sie können sich auch über Samen vermehren, aber die meiste Zeit überdauern diese mehrjährigen Pflanzen mit Hilfe ihres ausgeprägten Wurzelstocks, der ein hohes Überdauerungs- und Regenerationsvermögen besitzt. Viele dieser Wurzelunkräuter verfügen über ausgedehnte Wurzelsysteme, die zum Beispiel in

Unerwünschte Pflanzen im Rasen

Löwenzahn kann sich in Rasenflächen auch an Tiefschnitt anpassen, indem er kurze Stängel ausbildet.

Gänseblümchen im Rasen – dekoratives Unkraut.

Form von Pfahlwurzeln tief in die Erde reichen oder Ausläufer bilden. Häufig vorkommende Rasenunkräuter sind:

Löwenzahn (Taraxacum officinale)

Der allseits bekannte Löwenzahn mit gelber Blüte und Blattrosette kann auch unter widrigen Umständen gedeihen. Zum Überleben genügen ihm geringe Wurzelteile, die beim Jäten im Boden verbleiben und aus denen sich die komplette Pflanze regenerieren kann. Auf Mähen reagiert er mit stark verkürztem Stängelwuchs und schneller Blütenbildung. Verbreitet werden die Löwenzahnsamen durch den Wind, so dass ein permanenter Zuzug aus der Umgebung stattfinden kann. Eine nicht-chemische Bekämpfung ist nur durch sorgfältiges, konstantes Ausstechen möglich.

Sauerklee (Oxalis acetosella)

Sauerklee ist ein mehrjähriges Unkraut mit kräftigem Wurzelstock. Seine Samen können bis zu 40 cm weit geschleudert oder im Vogelkot weitergetragen werden. Die bewurzelten Stängel können sich ebenfalls ausbreiten und Horste bilden. Der Sauerklee verdrängt die Rasengräser erfolgreich. Er ist auch der chemischen Bekämpfung gegenüber sehr ausdauernd, da er von einigen Präparaten nicht erfasst wird. Daher sollte man ihn am besten ausstechen – und zwar mit einem scharfen Messer, um alle unterirdischen Teile zu entfernen.

Gänseblümchen (Bellis perennis)

Ähnlich wie beim Löwenzahn bringt regelmäßiges Rasenmähen keine Abhilfe gegen Gänseblümchen. Sie werden auf Grund ihrer geringen Größe nur partiell erfasst und treiben danach sehr rasch wieder aus, so dass sie nach wenigen Tagen wieder in voller Blüte stehen können. Da sie meist nach kurzer Zeit großflächige Bereiche einnehmen, sollte man auch hier frühzeitig mit der mechanischen Entfernung beginnen.

Rasenprobleme erkennen und beseitigen

Kriechender Hahnenfuß (Ranunculus repens)

Kriechender Hahnenfuß tritt besonders gerne an der Grenze zu Blumenbeeten auf, in die er sich ebenso vorarbeitet wie in den Rasen. Er ist besonders resistent gegen Jäten, da er ein weit verzweigtes Wurzelwerk und – wie der Name schon sagt – zahlreiche kriechende Ausläufer bildet, mit deren Hilfe er sich rasch in alle Richtungen ausbreiten kann. Gerade bei dieser Pflanze müssen Sie dringend am Ball bleiben und ständig überprüfen, ob sich neue Pflanzen regenerieren konnten. Größere Flächen sollten am besten tief und weitflächig ausgehoben, danach befüllt und neu eingesät werden.

Ehrenpreis (Veronica-Arten)

Der Ehrenpreis bevorzugt nährstoffreiche, lehmige und leicht feuchte Böden. Er wird nur maximal 12 cm hoch und bildet blass-lila Blüten. Die Stängel sind dünn, breiten sich kriechend aus und bilden an den Wurzeln Knoten. Ehrenpreis vermehrt sich durch Ausläufer und bildet Polster im Rasen. Er ist nicht strapazierfähig, aber häufigen Schnitt verträgt er gut. Die mechanische Entfernung sollte bei Polsterbildung möglichst großflächig und tief genug sein, um alle Wurzeln zu erfassen. Kahlstellen müssen nachgesät werden.

Disteln (Cirsium spec.)

Auch die Disteln können recht gut von Hand oder mit einem Unkrautstecher entfernt werden. Ihre Bekämpfung sollte unbedingt vor der Samenbildung stattfinden. Beim Herausziehen sind Handschuhe dringend zu empfehlen.

Hornklee (Lotus corniculatus)

Hornklee wird durch häufiges Mähen zum Wachstum und zur Ausbreitung angeregt, ist aber nicht trittfest und verschwindet bei starker mechanischer Belastung wieder aus dem Rasen. Er gehört zu den Unkräutern, die sehr schwierig aus dem Rasen verbannt werden können. Meist helfen nur mehrmalige Behandlungen mit Herbiziden.

Breit-Wegerich (Plantago major)

Die Wegerich-Arten gehören zu den belastungsfähigen Kräutern. Sie gedeihen auch auf strapazierten Rasenflächen sehr gut. Sie können durch eine ausreichende Düngung in Grenzen gehalten und ergänzend dazu mechanisch entfernt werden.

Ehrenpreis-Arten sind hartnäckige Unkräuter.

Unerwünschte Pflanzen im Rasen

Schwer zu bekämpfen: Hornklee.

Breit-Wegerich: trittverträgliches Unkraut.

Gemeine Quecke (Elymus repens)
Bei der Gemeinen Quecke handelt es sich nicht um ein Unkraut, sondern um eine unerwünschte Grasart im Rasen, die bei entsprechender Ausbreitung optisch negativ auffällt und die erwünschten Grasarten erfolgreich verdrängt. Sie zu entfernen ist schwierig: Sie verbreitet sich hauptsächlich über unterirdische Wurzelausläufer, die sehr regenerationsfähig sind. Man wird nur durch längerfristige Aktionen und viel Sorgfalt und Ausdauer mit ihr fertig, indem man sie mit einem Messer aussticht oder großflächig ausgräbt. Da die Quecke ein Gras ist, kommt für sie eine chemische Bekämpfung, wie sie bei krautigen Unkräutern möglich ist, nicht in Frage. In diesem Fall kommt man um den Einsatz eines Totalherbizids nicht herum (siehe Seite 115 unten). Die Pflanzen sollten bei der Anwendung eine Höhe von 20–25 cm haben. Der Einsatz ist aber nicht risikofrei, da das Präparat auch die erwünschten Gräser erfasst. Die Behandlung muss daher wirklich punktuell geschehen und es darf keine Abdrift in die nähere und weitere Umgebung stattfinden.

Weiß-Klee (Trifolium repens)
Er kommt häufig im Rasen vor und ist für Bienen eine willkommene Nektarquelle. Deshalb kann er Barfußgängern gefährlich werden. Dort, wo Kinder spielen oder wo oft barfuß gegangen wird, sollte der Weiß-Klee unbedingt entfernt werden. Mit einer ausreichenden Rasendüngung kann er bereits in Schach gehalten werden. Großflächige Kleeareale können Sie

Rasenprobleme erkennen und beseitigen

Weiß-Klee lockt im Sommer Bienen und Hummeln auf die Rasenfäche.

Vogel-Sternmiere

vertikutieren, danach sollten die Pflanzenteile möglichst vollständig entfernt und auf den entstandenen Kahlstellen neuer Rasen eingesät werden.

Vogel-Sternmiere (Stellaria media)
Die Vogelmiere ist eine niedrig wachsende Pflanze, die 5–30 cm lange, am Boden liegende Stängel ausbildet und vor allem freie Stellen im Rasen und Gemüsegarten besiedelt. Sie hat eine hohe Wuchskraft und kann sich sehr gut regenerieren. Durch häufigen Schnitt wird sie zum Wachstum angeregt. Allerdings ist sie starken mechanischen Dauerbelastungen nicht gewachsen. Sie besitzt ein ausgedehntes, aber fein strukturiertes Wurzelnetz und muss vorsichtig entfernt werden. Bei starker Horstbildung der Vogelmiere führt das Vertikutieren nur zu Teilerfolgen, hier muss sie mit dem Spaten oder der Handschaufel entfernt werden.

Mechanische Unkrautbekämpfung
Samenunkäuter werden am besten dadurch bekämpft, dass man sie vor dem Aussamen entfernt, so dass zumindest für die kommende Saison deren Samen nicht zum Zuge kommen können. Beim mechanischen Entfernen sollten Sie sicherheitshalber so viel Wurzelmasse wie möglich erfassen, um vor allem bei jungen Pflanzen eine mögliche Regeneration zu vermeiden.

Wurzelunkäuter speichern unterirdisch meist Nährstoffe. Daher sind ihre Wurzeln oft sehr fleischig und nur schwer zu entfernen. Die oberirdischen Teile sind dagegen leicht zu jäten, ihre Entfernung bringt aber nur

Unerwünschte Pflanzen im Rasen

kurzen Erfolg, da die Kräuter schnell wieder austreiben. Bezüglich ihrer Bekämpfung haben Samen- und Wurzelunkräuter eines gemeinsam: Sie lassen sich mechanisch nur sehr schwer unterkriegen.

Eine gute Möglichkeit ist das **Abdecken des späteren Rasenbereiches** mit einer schwarzen Plastikfolie, die an den Rändern dicht abschließen muss. Diese Folie sollten Sie für die Dauer einer Vegetationsperiode auf der Fläche belassen, damit auch alle darin befindlichen Pflanzenteile, Wurzelteile und Samen der Unkräuter erstickt werden.

Beim **Jäten** muss vor allem darauf geachtet werden, dass sämtliche unterirdischen Pflanzenteile entfernt werden, damit sich aus kleinen Überbleibseln nicht wieder neue Pflanzen regenerieren können. Da diese Wurzeln aber meist sehr ausgedehnt und auch gut verankert sind, ist diese Arbeit sehr mühsam. Ein kleine Hilfestellung bietet der Boden, wenn er nicht ausgetrocknet ist. Er darf aber auch nicht zu nass sein, um Bodenverdichtungen durch mechanische Belastung vorzubeugen. Größeren Unkrautfeldern rückt man am besten mit dem Spaten zu Leibe, wo man die Pflanzen möglichst tief ausgräbt. Einzelne Pflanzen sollte man mit einem speziellen Unkrautstecher entfernen. Dafür finden Sie im Fachhandel verschiedene Geräte, auch mit langem Stiel für die etwas bequemere, aufrechte Haltung. Sie sind meist so konstruiert, dass sie auch lange Pfahlwurzeln erfassen und Sie diese dann mit einer Drehbewegung aus dem Boden ziehen können.

Entstandene Lücken müssen anschließend mit Boden aufgefüllt und

Handgerät zum Entfernen einzelner Unkräuter.

Ausstechen von Löwenzahn: Hier müssen Sie die gesamte Pfahlwurzel entfernen.

neu eingesät werden, damit die Kahlstellen nicht wieder von Neuem besiedelt werden. Bei der Neuanlage einer verunkrauteten Fläche ist es unbedingt notwendig, zuerst die Unkräuter loszuwerden, ehe man mit einer Fräse arbeitet. Sonst werden die Wurzeln in viele Bruchstücke zerteilt und das Problem vervielfältigt sich ungewollt.

Außerdem sollten Sie auf eine qualitativ **hochwertige Rasenmischung** zurückgreifen. Sie bietet eine Garantie für Sortenreinheit und schließt den Gehalt an Unkrautsamen aus. Kahlstellen sollten beim Aussäen unbedingt vermieden werden. Haben die Rasenkeimlinge gute Startbedingungen und laufen zügig auf, sodass die Rasennarbe schnell geschlossen ist, können sich Unkrautsamen schlecht etablieren.

Zusammenfassend muss gesagt sein, dass die mechanische Unkrautbekämpfung einer Sisyphusarbeit gleicht. Durch stetigen Eintrag von außen wird die Verunkrautung immer wieder auftreten, so dass der Bekämpfungserfolg nur von relativ kurzer Dauer ist. Daher sind ihr auf großen Flächen wohl schon aus diesem Grund gewisse Grenzen gesetzt.

Wer kein Unkraut jäten möchte oder einen so starken Besatz mit Fremdkräutern hat, dass an Jäten nicht zu denken ist, kann auch auf das **Vertikutieren** zurückgreifen. Mit dieser Methode werden die Blätter der Unkräuter durch die Stahlklauen des Vertikutierers zerschnitten und damit stark geschädigt. Auch die Wurzeln werden erfasst und teilweise aus der Erde gerissen. Eine hundertprozentige Chance, auf diese Art allen Fremdbewuchs zu eliminieren, gibt es allerdings nicht. Zudem wird die Grasnarbe ebenfalls zu einem gewissen Grad in Mitleidenschaft gezogen und Kahlstellen müssen unverzüglich nachgesät werden.

Chemische Unkrautbekämpfung
Aus der Beschreibung der Rasenunkräuter und -gräser geht bereits hervor, dass sich viele dieser Fremdpflanzen einer mechanischen Bekämpfung widersetzen. Hier hilft nur viel Sorgfalt und noch mehr Zeit und Ausdauer. Wer dies nicht hat, kann als letzte wirksame Maßnahme zu einem Pflanzenschutzmittel greifen, einem so genannten Herbizid, das über einen Wuchsstoffhemmer die unerwünschten Pflanzen abtötet. Die in der Tabelle Seite 115 oben aufgeführten Herbizide gegen zweikeimblättrige Unkräuter wirken nur gegen die ungeliebten Kräuter, da sie speziell in den Stoffwechsel der krautigen Pflanzen eingreifen. Damit bleiben die Rasengräser zwar verschont, aber auch die einkeimblättrigen unerwünschten Ungräser bleiben durch die Wirkstoffe unbeeinflusst.

Sofern man das Unkraut richtig erkennt und ein geeignetes Präparat dagegen anwendet, erzielt man mit Herbiziden meist einen raschen Erfolg. Bedenken sollten Sie aber, dass jede Verwendung einer chemischen Substanz einen Eingriff in das Ökosystem im Rasen darstellt, da die Mikroorganismen im Boden durch diese Substanzen negativ beeinflusst werden.

Bei der chemischen Unkrautbekämpfung muss zwischen zwei Be-

Unerwünschte Pflanzen im Rasen

handlungsmethoden unterschieden werden: Im Fall der **Neuanlage** einer Rasenfläche wird vorbeugend dafür gesorgt, dass keine Restbestände an Unkräutern oder Teile von ihnen in die junge Rasenanlage gelangen. Die bei stark verunkrauteten Flächen auf den Seiten 13ff. beschriebenen Möglichkeiten der Rodung und Zwischenkultur mit Gründüngungspflanzen können aber sehr arbeits- und zeitaufwändig sein. Hier ermöglicht der Einsatz so genannter Totalherbizide eine relativ schnelle Lösung (siehe Tabelle Seite 115 unten). Im Gegensatz zu Unkrautvernichtern, die speziell gegen Unkräuter im Rasen angewendet werden, erfassen Totalherbizide auch Gräser. Deshalb kommt ihr Einsatz auch nur vor einer Rasenansaat in Frage! Bei der Ausbringung sollten Sie auch darauf achten, dass das Präparat nicht mit dem Wind abdriftet und ungewollt an benachbarten Kulturen haften bleibt. Haben die Unkräuter und -gräser das Herbizid erst einmal aufgenommen, verteilt sich der Wirkstoff in der gesamten Pflanze, auch in den unterirdischen Teilen. Die behandelten Pflanzen welken, verfärben sich gelb und verdorren schließlich ganz. Die Wirkung wird unter normalen Bedingungen nach sieben bis zehn Tagen sichtbar. Die abgestorbenen Pflanzen werden aus der Fläche entfernt und die weiteren Arbeiten zur Neuanlage einer Rasenfläche durchgeführt. Nach dem Bereiten des Saatbetts kann dann sofort ausgesät werden.

Die zweite Behandlungsmethode zur chemischen Bekämpfung von Unkräutern geschieht auf der **bestehenden Rasenfläche**. Sollten hier alle me-

Chemische Unkrautbekämpfung: Ausbringen des Präparates mit der Gießkanne.

chanischen Verfahren erfolglos oder zu aufwändig gewesen sein, können Unkräuter gezielt mit Herbiziden behandelt werden. Die meisten Mittel liegen in flüssiger Form vor und werden direkt auf die Unkräuter gebracht und nicht großflächig auf der gesamten Rasenfläche verteilt, es sei denn, sie ist komplett mit Unkräutern besiedelt. Die Mittel, die für eine Behandlung auf der Rasenfläche zur Verfügung stehen, wirken selektiv nur gegen krautige Pflanzen, nicht aber gegen die Gräser. Sie werden über die Blätter und Wurzeln aufgenommen und verteilen sich ebenfalls im gesamten Organismus. Um eine maximale Wirkung erreichen zu können, sollten Sie nach dem Mähen fünf bis sieben Tage bis zur Anwendung warten, damit die Pflanzen genügend Blattmasse aufbauen können. Wenn keine natürlichen Niederschläge zu erwarten sind, kann die Wirkung nach zwei bis drei Tagen durch Beregnung gefördert werden. Diese Unkrautvernichter bekämpfen die meisten im Rasen vorkommenden Unkräuter mit Ausnahme von Hahnenfuß-Arten, Gänseblümchen und Ehrenpreis.

Einige der im Handel angebotenen Präparate enthalten zusätzlich noch Dünger, da verunkrauteter Rasen oft unter Nährstoffmangel leidet. Die beigefügten Düngemittel haben oft Langzeitwirkung, sie werden im Boden nur allmählich umgesetzt. Da die abgestorbenen Unkräuter mechanisch aus dem Rasen entfernt werden und die entstandenen Kahlstellen nachgesät werden sollten, können die mit den Herbiziden ausgebrachten Dünger gleichzeitig eine Starthilfe für die Neuansaat sein.

Ob und in welcher Form Sie nun gegen Fremdkräuter im Rasen vorgehen, ist eine Ermessensfrage. Wenn es sich nicht gerade um Acker-Kratzdisteln oder bienenumschwärmten Weiß-Klee handelt – was für Barfußläufer unangenehm werden könnte – kann man an den Farbtupfern im Rasengrün auch durchaus Gefallen finden. Natürlich nehmen die Populationen der Fremdkräuter unter Umständen langsam zu und können im Laufe der Zeit dann immer schwieriger entfernt werden.

Ein Argument für ein stetiges in Schach halten der Rasenunkräuter ist ein unkrautfreier, gut gepflegter englischer Rasen in der Nachbarschaft. Zwar tragen die mit dem Wind verbreiteten Samen nicht die Adresse ihres Absenders, aber wenn bei Ihnen der Löwenzahn in rauen Mengen als Pusteblumen fruchtet, könnte es unter Umständen Ärger mit dem Nachbarn geben.

Allgemeines zur Entfernung von Schadstellen

Begrenzte Schadstellen können vielfältige Ursachen haben. In Frage kommen Brandschäden, Schäden durch überdosierte beziehungsweise eingetrocknete Dünger oder Tierexkremente sowie Pflanzenkrankheiten, die den ursprünglichen Rasen abgetötet haben. Diese Stellen sollten oberflächlich in großzügigem Umfang bis in eine Tiefe von etwa 5 cm abgetragen werden. Dann wird mit einem Erde-Sand-Gemisch aufgefüllt und entweder nachgesät oder die betroffene Stelle mit Rasensoden ausgelegt. Bei kleineren Stellen kann es genügen, die Fläche abzukratzen, um abgestorbene Pflanzenteile zu entfernen und die verbleibenden Rasenpflanzen der umgebenden Fläche zum Wachstum an-

Hundeurin wirkt ätzend auf die Rasengräser.

Allgemeines zur Entfernung von Schadstellen

zuregen. Dieser Prozess ist natürlich etwas langwierig und muss durch ausreichende Bewässerung unterstützt werden. Sie sollten auch Fremdbewuchs auf den eventuell kahl gewordenen Stellen sofort entfernen. Eine rechtzeitige Korrektur kleiner Schadstellen kann manchen späteren Großeinsatz ersparen.

Rasensoden verlegen
Die Verlegung von Rasensoden ist generell eine gute Möglichkeit, eine Nachsaat zu umgehen. Der Vorteil dieser Methode ist, dass die ausgebesserten Schadstellen optisch nicht mehr auffallen.
Besodete Flächen brauchen ausreichend Wasser und sollten zwei Wochen nicht betreten werden.

Verlegen von kleinflächigen Rasensoden.

Wichtiges zum Pflanzenschutz

Integrierter Pflanzenschutz

Begeistert über die nachweisbaren Erfolge, setzten Landwirte und Hausgartenbesitzer in den sechziger und siebziger Jahren vertrauensvoll auf die Anwendung chemischer Pflanzenschutzmittel zur Bekämpfung von Schaderregern. Das ist durchaus nachvollziehbar, wenn man an die krankheitsbedingten Missernten denkt, die im Laufe der Ackerbaugeschichte den Menschen immer wieder zum Verhängnis wurden.

Da aber der umfangreiche Einsatz von Pflanzenschutzmitteln mit oft bedenklicher Toxizität bald negative Auswirkungen auf die Natur und die menschliche Gesundheit zeigte, setzte gegen Ende der siebziger Jahre ein Umdenken ein. Es war offensichtlich, dass die offensive Anwendung von Pestiziden in allen Bereichen begrenzt werden musste, um unabsehbare Folgen für Mensch und Umwelt zu verhindern.

In den vergangen Jahrzehnten wurden die Zusammenhänge und Wechselbeziehungen zwischen den Organismen immer genauer untersucht. Die dabei gewonnen Kenntnisse über Standortbedingungen, art- und bedarfsgerechte Düngung und ihre Auswirkungen auf die stofflichen Vorgänge in der Pflanze, Vergesellschaftungen von verschiedenen Pflanzenarten, die Wirkmechanismen zwischen Parasiten und Wirtspflanzen, aber auch die pflanzeneigene Resistenz gegenüber Krankheiten und Schädlingsabwehr – all dies und viele weitere wissenschaftliche Forschungen ermöglichen es, die Anwendung von synthetischen Pflanzenschutzmitteln stark zu reduzieren.

Der **„Integrierte Pflanzenschutz"** ist eine Kombination verschiedener Faktoren aus unterschiedlichen Bereichen zur Bekämpfung von Schadorganismen. Darunter versteht man eine Bündelung von Maßnahmen, die sich nicht mehr allein am Schädling und seiner raschen und vollständigen Vernichtung orientiert, sondern an den Zusammenhängen unter den Mitgliedern der Lebensgemeinschaft und den Wechselwirkungen im Ökosystem. Die Population der Schaderreger soll so gesteuert werden, dass die Schadensschwelle in einem wirtschaftlich akzeptablen Rahmen bleibt. Dabei dürfen sich einzelne Maßnahmen nicht gegenseitig stören; das Ökosystem als solches muss geschützt und seine stabilisierenden Bestandteile dürfen nicht verändert oder eliminiert werden. In der fachlichen Definition des Integrierten Pflanzenschutzes ist auch der Einsatz chemischer Pflanzenschutzmittel vorgesehen, allerdings nur in begrenztem Ausmaß und in Kombination mit alternativen Methoden.

Integrierter Pflanzenschutz

Nicht nur ein Thema für Profis
Der Integrierte Pflanzenschutz betrifft Profis und Hobbyisten gleichermaßen. Die wirtschaftliche Schadensschwelle ist zwar für den Hobbygärtner nicht im wahrsten Sinne des Wortes zutreffend, aber auch er möchte zum Beispiel im Gemüseanbau einen Mindestertrag ernten oder hat einen gewissen Anspruch an seinen Rasen.

Schon in der Beachtung dieser Grundregeln, die in den vorangegangenen Kapiteln im einzelnen erläutert wurden, liegt der Grundstein für einen gesunden Rasen.

Integrierter Pflanzenschutz für den Rasen
- Geeignete Standortwahl
- Sorgfältige Vorbereitung des Saatbetts (kein ausgelaugter Boden, keine Fremdkörper und alten Pflanzenteile, an denen evtl. Pathogene haften können)
- Richtige Sortenwahl. Die hochwertige Regel-Saatgut-Mischung muss dem Standort, der späteren Nutzung sowie dem geplanten Pflegeaufwand der späteren Rasenfläche entsprechen.
- Schnelle Keimung und Flächenabdeckung durch entsprechende Sortenwahl, den geeigneten Aussaattermin und entsprechende Pflege der jungen Kultur
- Bedarfsgerechte Düngung
- Bedarfsgerechte Beregnung
- Exaktes Mähen (scharfe Messer, angemessene Schnitthöhe, Beseitigung des Schnittguts)
- Sorgfältige, bedarfsgerechte mechanische Pflege
- Wenn möglich: Nutzung der Fläche entsprechend ihrer ursprünglichen Konzeption.

Antagonisten gegen tierische Schädlinge
Ein wichtiger Punkt bei der Bekämpfung von Schadorganismen ist der Einsatz von natürlichen Gegenspielern, die tierischen Schädlingen als Fraßfeinde gegenüberstehen, sie parasitieren oder mit ihnen um Nahrung und Lebensraum konkurrieren (siehe auch Seite 27f.). Diese Gegenspieler, auch Antagonisten genannt, dürfen nur dann eingesetzt werden, wenn sie tatsächlich in das vorhandene Ökosystem passen, also nicht überhand nehmen können und ihrerseits zu Schädlingen werden. Grundlage eines zielgerichteten Antagonisteneinsatzes ist es daher, die Lebensweise dieser Organismen und ihre Wechselbeziehungen zu anderen Organismen genau zu kennen. Auch die Antagonisten selbst unterliegen den Umwelteinflüssen ihres Lebensraumes und dementsprechend variieren ihre Populationsstärken in Abhängigkeit von Klimaschwankungen, Feuchtigkeit oder Nahrungsangebot. Meist überdauern sie nach dem Ausbringen nur eine begrenzte Zeit.

Der Einsatz von Antagonisten verlangt besondere Sorgfalt. So sind sie beispielsweise nur begrenzt und unter bestimmten Bedingungen lagerfähig. Trotzdem sollten Sie sich davon nicht abschrecken lassen, da diese Präparate wirksam und rein ökologisch sind. Solche Lebendpräparate sind allerdings nur über den Spezialversand und nicht im Bau- oder Gartenmarkt erhältlich (siehe Seite 121).

Wichtiges zum Pflanzenschutz

Chemischer Pflanzenschutz

Seit dem 1. Juli 2001 gilt in der Bundesrepublik Deutschland ein neues Pflanzenschutzgesetz, das den Einsatz der chemischen Mittel in Land- und Forstwirtschaft, im Gartenbau und auch im Hausgartenbereich stark reglementiert. Nach dieser neuen Regelung dürfen Hobbygärtner nur solche Pflanzenschutzmittel anwenden, die auf der Gebrauchsanweisung den Vermerk tragen: „Anwendung im Haus- und Kleingartenbereich zulässig". Darunter fallen allerdings keine Gartenwege, Zufahrten, Plattenwege, gepflasterten Bereiche und sonstige nicht gärtnerisch genutzten Flächen. Pflanzenschutzmittel finden Sie in jedem Gartencenter, Raiffeisen- oder Baumarkt mit Gartenbedarf. Vielleicht besitzen Sie in Ihrem Keller noch stille Reserven einiger früher zugelassener Pflanzenschutzmittel. Auch daran dachte der Gesetzgeber – ohne die oben zitierte Angabe über die Verwendung im Haus- und Kleingarten sind diese Überbleibsel verboten und müssen sachgerecht entsorgt werden, am besten über den Handel oder die Schadstoffentsorgung Ihrer Gemeinde.

Eine sehr vernünftige Forderung des Gesetzgebers lautet: „Vor jeder Maßnahme ist zu prüfen, ob das Ziel nicht auch durch mechanische oder andere Verfahren zu erreichen ist."

Im Umgang mit Chemie ist Vorsicht geboten!

Mit chemischen Pflanzenschutzmitteln sollten Sie grundsätzlich verantwortungsbewusst umgehen. Für ihre Anwendung und Lagerung gibt es einerseits gesetzliche Vorgaben und andererseits Empfehlungen, die im Einzelfall viel Ärger ersparen können.

Am besten ist es, wenn Sie sich als Privatmann dieselben Möglichkeiten zur **Lagerung** schaffen können wie der Handel: einen verschließbaren, nicht einsehbaren Schrank. Dieser sollte unbedingt in einem anderen Raum untergebracht sein als der Vorratsschrank für die Nahrungsmittel und die dazugehörigen Schrankschlüssel sollten nicht ohne weiteres für jedermann zugänglich sein. Ebenso wenig sollten Sie Pflanzenschutzmittel im Garten stehen lassen. Die oft bunten Flaschen und Behälter machen Kinder neugierig. Die Packungen jedes Mal vor und nach der Anwendung wegzuschließen ist zwar lästig, kann aber manches Unglück verhindern.

Da sich die chemischen Bestandteile der Pflanzenschutzmittel durch Einwirkung von Sauerstoff, Licht, Wärme und Feuchtigkeit verändern und ihre Wirksamkeit beeinträchtigen können, sollten sie in der Originalverpackung aufbewahrt werden – sie wurde eigens für das jeweilige Präparat konzipiert und ist zudem mit wichtigen

> **Grundsätzlich gilt:**
> Behandeln Sie Pflanzenschutzmittel als das, was sie sind: als tödliche Gifte, die bei unsachgemäßer Anwendung und Lagerung auch beim Menschen schwere Schädigungen verursachen können. Lassen Sie auch bei solchen Präparaten Vorsicht walten, die den Vermerk tragen, dass sie nicht bienen- oder fischtoxisch sind.

Chemischer Pflanzenschutz

schriftlichen Angaben zu Wirkung, Dosierung etc. versehen. Der Lagerraum sollte möglichst trocken, dunkel sowie kühl, aber frostsicher sein.

Lesen Sie die Anwenderhinweise bitte vor jeder **Anwendung** genau durch, damit Sie nicht aus Vergesslichkeit oder Versehen Ihre Gesundheit oder die Ihrer Mitmenschen gefährden. Auf jeder Packung finden Sie Angaben zur sachgerechten Verwendung und Dosierung sowie eine Auflistung der Gefahrenpunkte mit Hinweisen zum Anwenderschutz.

Die hier aufgeführten Vorsichtsmaßnahmen gelten für alle Pflanzenschutzmittel, egal ob es sich um Feststoffe oder Flüssigkeiten handelt. Benutzen Sie bei jeglichem Umgang mit den Präparaten intakte Schutzhandschuhe. Es gibt Substanzen, die über die Haut des Menschen aufgenommen werden und so in den Körper gelangen. Eigentlich ist es selbstverständlich, dass man während der Anwendung von Pflanzenschutzmitteln nicht essen, trinken oder rauchen sollte. Aber in der Praxis sieht es häufig anders aus – die Gefahr, die von manchen Substanzen ausgeht, wird zu oft unterschätzt.

Wenn Kinder Zutritt zu behandelten Flächen haben, ist von der Anwendung chemischer Pflanzenschutzmittel grundsätzlich abzuraten. Gerade für kleine Kinder, die auf dem Rasen spielen und vielleicht auch mal einen leckeren „Grassalat" probieren, stellen Pflanzenschutzmittel oder Dünger eine enorme Gefährdung dar. Besonders die kugeligen, bunten Schneckenkörner sind geradezu prädestiniert, von Kindern in den Mund genommen zu werden. Das Gleiche gilt für die Sicherheit von Tieren. Haustiere, aber auch Nützlinge wie Vögel und Insekten können durch Pflanzenschutzmittel getötet oder geschädigt werden. Vor allem, wenn Sie Rasenschnitt an Ihr Meerschweinchen oder Ihren Hasen verfüttern oder Ihre Haustiere frei auf dem Rasen herumlaufen lassen, sollten Sie von der Anwendung chemischer Pflanzenschutzmittel Abstand nehmen. Selbst wenn sich das Gras nach dem Mähen komplett durch Wachstum erneuert hat, können Sie nicht sicher sein, dass nicht noch Reste des Pestizids in den Wurzeln zurückgeblieben sind, die auch nach längerer Zeit noch kontinuierlich in die Halme abgegeben werden.

Überlegen Sie also vor der Anwendung, welche Sicherheitsvorkehrungen Sie im Anwendungsbereich treffen können, um unnötige Risiken zu verringern oder zu vermeiden. Es ist auf jeden Fall sinnvoll, nicht großflächig auf Verdacht zu behandeln, sondern wirklich nur dort, wo es notwendig ist. Um auf Nummer Sicher zu gehen, sollten Sie am besten keine Pflanzenschutzmittel verwenden, wenn Sie die behandelten Flächen nicht absperren können. Dasselbe gilt für Feststoffdünger und zwar auch dann noch, wenn er nicht mehr in der ursprünglichen Form vorliegt. Es dauert noch eine Weile, bis er rückstandslos in den Boden eingeregnet wurde und sich dort verteilt hat.

Anwendungsbereich

Das neue Pflanzenschutzmittelgesetz schreibt genau vor, in welcher Kultur und gegen welchen Schaderreger ein

Wichtiges zum Pflanzenschutz

bestimmtes Präparat eingesetzt werden darf. In der Praxis bedeutet das, dass Sie den Schadorganismus richtig erkennen müssen, um dann das dafür zugelassene Präparat mit der Zulassung für die befallene Kultur erwerben zu können. Dies kann im Rasen vor allem im Bereich der Pilzerkrankungen schwierig werden, da sich viele pilzliche Schaderreger in den verschiedenen Befallsstadien, die sie durchlaufen, sehr ähneln. Hier kann auch ein Fachmann bei der Betrachtung vor Ort unter Umständen mal ins Schleudern kommen und muss unter dem Mikroskop nach typischen Merkmalen zur Diagnose suchen. Sollten Sie also solche Schadstellen im Rasen haben, die Sie nicht eindeutig anhand klarer Symptome identifizieren können, suchen Sie eine Beratungsstelle auf und lassen Sie dort befallene Pflanzen mit Wurzelwerk begutachten. Auf keinen Fall sollten Sie Pflanzenschutzmittel ins Blaue hinein auf gut Glück anwenden, das ist nicht nur rein rechtlich untersagt, sondern kann auch sehr frustrierend sein. Sie beseitigen auf diese Weise den Schaden nicht, da nicht jedes Mittel gegen jeden Schaderreger wirksam ist. Nutzen Sie beim Kauf von Pflanzenschutzmitteln Ihr Recht auf sachkundige Beratung. Gerade in Bezug auf Anwendungsbeschränkungen aller Art können Sie sich dadurch gegen Fehlkäufe absichern.

Dosierung

Beachten Sie bei der Anwendung der Pflanzenschutzmittel unbedingt auch die Vorgaben zur Dosierung. Im Gesetz wird auf eine sparsame und vorsichtige Anwendung von Pflanzenschutzmitteln im Haus- und Kleingarten besonders hingewiesen. Grundsätzlich gilt: Viel hilft nicht gleichzeitig viel! Eine Überdosierung an Pflanzenschutzmitteln kann fatale Folgen haben. Sie können nie ausschließen, dass ein Präparat nicht auch toxische Wirkung auf die Kulturpflanze hat, die Sie eigentlich schützen wollen. In Ihrem Rasen können Sie mit einer unsachgemäßen Behandlung die Arbeit von Jahren zerstören.

Bei pilzlichen Schaderregern sind dagegen größere Mengen an Pflanzenschutzmitteln notwendig, hier sollten Sie nicht zögern und die vorgeschriebene Dosierung befolgen. Es ist allemal besser, den Schaderreger mit einer sorgfältigen Aktion zu beseitigen, anstatt immer mal wieder eine niedrige Dosis Pflanzenschutzmittel zu verabreichen.

Die vom Hersteller vorgeschriebene Dosierung gibt Ihnen die Sicherheit, genau die Wirkung zu erzielen, die Sie erreichen möchten.

Resistenzen vorbeugen

Eine wiederholte Anwendung ein und desselben Präparates hat einen entscheidenden Nachteil – die Erreger können mit der Zeit Resistenzen dagegen aufbauen. Das heißt, dass sie sich an das Präparat anpassen und nicht mehr von ihm beeinträchtigt werden. Dies müssen Sie auch berücksichtigen, wenn trotz chemischer Bekämpfung regelmäßig dieselben Erreger auftreten, weil vielleicht die Standortbedingungen entsprechend günstig für sie sind. Versuchen Sie zunächst, es dem Übeltäter durch mechanische oder andere nicht-chemische Maßnahmen so

Chemischer Pflanzenschutz

ungemütlich wie möglich zu machen. Bleiben Ihre Bemühungen trotz aller Sorgfalt wirkungslos und Sie entscheiden sich für eine Wiederholung der chemischen Bekämpfung, so wechseln Sie den Wirkstoff möglichst nach drei Anwendungen. Der Name des Wirkstoffs ist wie die Bezeichnung des Präparates ebenfalls auf dem Verpackungsetikett angegeben und bezeichnet die chemische Substanz, die die eigentliche Wirkung auf den jeweiligen Schaderreger hervorruft.

Kennbuchstaben zur Kennzeichnung der Bienengefährlichkeit von Pflanzenschutzmitteln

NB 6611 = bienengefährlich
NB 6621 = bienengefährlich, ausgenommen bei Anwendung nach dem täglichen Bienenflug bis 23 Uhr
NB 663 = nicht bienengefährlich aufgrund festgelegter Anwendung
NB 664 = nicht bienengefährlich

Gewässer- und Bienenschutz

Pflanzenschutzmittel dürfen grundsätzlich nicht unmittelbar in oder an Gewässern und Gräben eingesetzt werden. Die meisten Substanzen wirken toxisch auf die im Wasser lebenden Organismen und können dort schweren Schaden anrichten. Jeder noch so kleine Gartenteich beherbergt eine Vielzahl ganz verschiedener tierischer und pflanzlicher Lebewesen, die zur Aufrechterhaltung des biologischen Gleichgewichts im Gewässer beitragen. Werden sie durch Pflanzenschutzmittel getötet, so gerät das gesamte ökologische Gefüge aus der Balance.

Mit den natürlichen Niederschlägen oder dem Beregnungswasser können Pflanzenschutzmittel auch in Gewässer geschwemmt werden. Dies sollten Sie vor allem in Hanglagen beachten. Entsprechende Angaben zum Mindestabstand, den Sie zu Oberflächengewässern einhalten müssen, finden Sie auf der Gebrauchsanleitung des Pflanzenschutzmittels.

Auf der Verpackung finden sich auch Hinweise, ob ein Mittel bienengefährlich ist. Die Auswirkungen sind mannigfaltig: die Tiere werden durch die Aufnahme von Nektar oder Pollen geschädigt oder das Gift wird über den Polleneintrag in den Stock sowohl im Honig eingelagert als auch an die Nachkommenschaft weitergegeben. Über den Honiggenuss gelangen diese Gifte dann auch in den menschlichen Körper.

Viele der vom Gesetzgeber erhobenen Vorschriften gelten bei einem Verstoß als Ordnungswidrigkeit und können mit einem Bußgeld von bis zu 50 000 € geahndet werden.

Die Mischung macht's nicht

Verschiedene Pflanzenschutzmittel nach Gutdünken zu mixen, ist in keiner Weise empfehlenswert. Die dabei entstehenden Eigenkreationen können unkontrollierbare Effekte auslösen, die mit dem ursprünglichen Anwendungsziel meist nicht mehr übereinstimmen und mehr zerstören als positiv beeinflussen. Die chemischen Prozesse sind schwer nachvollziehbar und die Aus-

Wichtiges zum Pflanzenschutz

> **Anmerkungen zu Pflanzenschutzmitteln**
>
> Beim Kauf von Pflanzenschutzmitteln sollten Sie sich auf jeden Fall im Fachhandel beraten lassen. Viele Präparate sind auch in Garten- und Baumärkten mit Selbstbedienung nicht aus dem Regal frei verkäuflich, sondern werden in abgeschlossenen Glasvitrinen aufbewahrt, die nur vom Personal geöffnet werden können. Das Angebot an Pflanzenschutzmitteln wird sich in Deutschland in den kommenden Jahren verändern, da die Zulassung vieler Mittel für den Rasen ausläuft und nicht in jedem Fall davon ausgegangen werden kann, dass die Zulassung verlängert wird. Daher wird eine kompetente Beratung immer wichtiger werden, auch um Alternativprodukte zu finden, wenn ein Präparat bereits mehrmals angewandt wurde und so bei weiteren Anwendungen Resistenzen entstehen könnten.
>
> Ganz wichtig ist für Sie auch die Packungsaufschrift: Bitte beachten Sie auf jeden Fall alle Warnhinweise, Anwendungsangaben und Schutzvorschriften. Herbizide schädigen **alle zweikeimblättrigen Pflanzen**, also auch die erwünschten in angrenzenden Beeten. Benutzen Sie einen Spritzschutz und beachten Sie die Abdrift durch Wind. Totalherbizide schädigen **sämtliche Pflanzen**, also auch den Rasen. Sie dürfen nur dann verwendet werden, wenn die gesamte Fläche vor einer Neuanlage behandelt werden soll.

wirkungen auf Pflanze und Boden nicht vorhersehbar. Auch wenn Sie den Rest eines Präparates noch aufbrauchen wollen, er aber vielleicht nicht mehr für die gesamte Fläche ausreicht, sollten Sie ihn nicht mit einem anderen, neuen Pflanzenschutzmittel mischen, sondern lieber separat ausbringen oder entsorgen.

Der richtige Behandlungszeitpunkt

Spritz- und Gießmittel werden oft nicht nur über die Wurzel, sondern auch über das Blatt aufgenommen und dann in der Pflanze verteilt. Daher sollten Sie nur Pflanzen behandeln, die ausreichend Blattmasse haben und nicht kurz zuvor durch Mähen oder teilweises Ausreißen beim Jäten stark reduziert wurden. Die Wirkung des Präparats hängt von der Stoffwechselaktivität der Pflanze und damit von den Witterungs- und Umweltbedingungen ab. Niedrige und hohe Temperaturen sowie anhaltende Trockenheit mit extrem niedriger Luftfeuchtigkeit können die Wirkung stark beeinträchtigen. Auch bald nach der Ausbringung einsetzende Regenfälle sind ungünstig: Sie können das auf den Pflanzen anhaftende Präparat gleich wieder abwaschen. Daher sollte appliziert werden, wenn die Pflanzen trocken sind und kein Regen zu erwarten ist.

Als Behandlungszeitraum empfehlen sich Frühjahr und Frühherbst, weniger die heißen, trockenen Sommermonate.

Chemischer Pflanzenschutz

Herbizide: Beispielpräparate mit Zulassungszeiträumen		Stand: 08/2004
Bekämpfung	Beispielpräparat	Zulassungszeitraum
Gegen zweikeim- blättrige Unkräuter	Loredo Rasen-Unkrautvernichter	12/2007 12/2007
Gegen Moose	Gabi-Anti-Moos-S Euflor Rasendünger mit Moosvernichter Moosvernichter mit Rasendünger Gabi-Antimoos, flüssig Moosvertilger Gesamoos, flüssig Substral Rasendünger mit Moosvernichter Rasen-Floranid-Rasendünger mit Moosvernichter TEM 123 Compo Filacid Moos-frei	12/2011 12/2011 12/2011 12/2011 12/2011 12/2007 12/2007 12/2010 12/2010
Gegen ein- und zweikeimblättrige Unkräuter (Totalherbizide)	TEM 123 Compo Filacid Moos-frei Roundup Alphee	12/2010 12/2010 12/2013

Wichtiges zum Pflanzenschutz

Pflanzenstärkungsmittel

Ergänzend zu Dünger- und Pflanzenschutzpräparaten wird auch eine breite Palette an so genannten Pflanzenstärkungsmitteln angeboten. Unter diesem Begriff werden Substanzen ganz unterschiedlicher Art und Herkunft zusammengefasst, die alle eine Eigenschaft haben: Sie sind ausschließlich dazu bestimmt, die Widerstandskraft der Kulturpflanzen gegenüber Krankheitserregern und anderen negativen Einflüssen zu stärken.

Pflanzenstärkungsmittel müssen wie Pflanzenschutzmittel bei der Biologischen Bundesanstalt registriert werden. Die Aufnahme in diese Liste setzt voraus, dass bei der sachgerechten Ausbringung und in der Folge der Anwendung keinerlei schädigende Effekte auf die Gesundheit von Mensch, Tier und Pflanze ausgehen. Außerdem dürfen das Grundwasser und der Naturhaushalt nicht beeinträchtigt werden.

Die Pflanzenstärkungsmittel lassen sich nach ihrer Zusammensetzung folgendermaßen klassifizieren:
1. Stärkungsmittel auf anorganischer Basis, z. B. Gesteinsmehle, Tone, Kieselerde und manchmal organische Beimengungen.
2. Stärkungsmittel auf organischer Basis, z. B. Kompostextrakte, Algenextrakte, Pflanzenprodukte, Pflanzenaufbereitungen und Pflanzenöle.
3. Hömöopathika, sie umfassen die homöopathischen Formen der unter 1. und 2. genannten Ausgangsstoffe.

Präparate, die für den Gebrauch im Hausgarten-Rasen zugelassen sind:			
Bezeichnung des Pflanzenstärkungsmittels	Antragsteller	Mittelkategorie	Anwendungsempfehlungen
FZB 24® *Bacillus subtilis*	FZB Biotechnik GmbH	Bakterielles Präparat	Kartoffel, Tomate, Gurke, Kohlrabi, Zierpflanzen/pilzliche Schaderreger
Inhibiter	Wolf-Garten	Organische Materialien mariner Herkunft	Rasen (Schneeschimmel)
MRE A-plus	Mr. Evergreen GmbH	Homöopathikum	Gehölze, Obst, Gemüse, Zierpflanzen, Rasen, Weiden
WUXAL® AMINO PLANT	Aglukon Spezialdünger GmbH & Co. KG	Pflanzenextrakt	Obst, Wein, Gemüse, Zierpflanzen, Baumschule, Rasen
WUXAL® Ascofol	Aglukon Spezialdünger GmbH & Co. KG	Algenprodukt	Obst, Wein, Gemüse, Zierpflanzen, Baumschule, Rasen

4. Stärkungsmittel auf mikrobieller Basis, z. B. Pilze und Bakterien.

(Auszug aus der beschreibenden Liste der eingetragenen Pflanzenstärkungsmittel; Biologische Bundesanstalt für Land- und Forstwirtschaft; Stand: 31.12.2001; ohne Kennnummern)

Die Stärkungsmittel der zweiten Gruppe sind am umfangreichsten. In sehr vielen Präparaten finden sich Extrakte oder Aufbereitungen von Meeresalgen, Komposten, höheren Pflanzen aller Art sowie pflanzliche und tierische Öle.

Die Substanz „Inhibiter" erhöht nach Aussagen des Antragstellers die Widerstandsfähigkeit der Pflanzen gegen den Schadorganismus, während die anderen Pflanzenstärkungsmittel die Pflanze zusätzlich noch vor nichtparasitären Beeinträchtigungen schützen sollen.

Das Präparat FZB 24® wurde ursprünglich nicht für eine Anwendung im Rasen konzipiert. Es hat sich allerdings auch in dieser Kultur so gut bewährt, dass es sich in den letzten Jahren einen festen Platz in der Profipflege von Sportrasen erobert hat.

Grundsätzlich ist nichts gegen die Verwendung von Pflanzenstärkungsmitteln einzuwenden. Über eine Stärkung der Pflanzen hinaus sind sie jedoch nicht in der Lage, fehlerhafte oder mangelnde Pflege, unzureichende Düngerversorgung oder ungünstige Standortverhältnisse ausgleichen.

Pflege durch das Rasenjahr

JANUAR

→ Schneiden Sie hohe, dichte Bäume und Sträucher zurück, um im Sommer eine starke Beschattung der Rasenfläche zu vermeiden. Das Grüngut sollte auf keinen Fall auf der Rasenfläche verbleiben.

→ Bei Schnee, Raureif und Frost gilt: Betreten des Rasens verboten! Die gefrorenen Grashalme brechen ab und bilden an den Bruchstellen Eingangspforten für Krankheitserreger.

FEBRUAR

→ Nutzen Sie die Zeit, um Ihre Gartengeräte instand zu setzen. Bei allen Rasenmähern sollten die Messer geschliffen werden. Bei Motorrasenmähern sollten Sie zusätzlich einen Ölwechsel vornehmen und die Zündkerzen kontrollieren.

MÄRZ

→ Stark verdichtete Böden, die auch zur Staunässe neigen, sollten Sie jetzt vor Wachstumsbeginn gründlich aerifizieren.

→ Bei Nachttemperaturen um 5°C und Tagestemperaturen von etwa 15°C können Sie stark vermooste Rasenflächen mähen, danach gründlich vertikutieren und anschließend mit Regenerationssaatgut nachsäen.

→ Je nach Witterungslage wird bei diesen Temperaturen Mitte bis Ende März der erste Rasenschnitt auf nicht-vertikutierten Flächen fällig.

→ Am Monatsende sollten stark strapazierte Rasenflächen zum ersten Mal gedüngt werden.

APRIL

→ Regelmäßig mähen.

→ Bei Nachttemperaturen von mindestens 5°C und Tagestemperaturen von etwa 15°C können neue Rasenflächen angelegt werden. Bei unzureichenden Niederschlägen unbedingt beregnen!

→ Die grünen Blätter von Frühjahrsblühern im Rasen wie Krokusse, Narzissen, Traubenhyazinthen und Tulpen dürfen erst geschnitten werden, wenn sich die Blätter gelblich verfärben.

→ Jetzt bietet sich auch die Unkrautbekämpfung an, manuell oder mit Hilfe eines Rasendüngers, der einen Unkrautvernichter enthält. Beachten Sie hierbei bitte die Anwendungshinweise des Herstellers.

→ Zierrasen sollte zum ersten Mal gedüngt werden.

Pflege durch das Gartenjahr

MAI

→ Regelmäßig mähen.
→ Bei Trockenheit sollten Sie vor allem neu angelegte oder nachgesäte Flächen ausreichend beregnen.

JUNI

→ Regelmäßig mähen.
→ Bei Trockenheit ausreichend bewässern.
→ Strapazierter Rasen erhält eine zweite Düngung.

JULI

→ Bei Blumenwiesen wird es jetzt Zeit für den ersten Schnitt.
→ Jetzt bietet sich auch eine Kantenpflege an, damit sich der Rasen nicht in Blumenbeete oder auf Wege ausweitet.
→ Bei Trockenheit das Beregnen in den frühen Morgenstunden oder am Abend bitte nicht vergessen.
→ Regelmäßig mähen.
→ Zierrasen erhält jetzt die zweite Düngung.

AUGUST

→ Vorbereitungen für den Sommerurlaub:
1. Kurz vor Reiseantritt den Rasen auf normale Höhe mähen!
2. Urlaubsvertretung für die Beregnung suchen oder computergesteuerte Beregnungstechnik installieren
→ Mähen hoch gewachsener Rasenflächen nach dem Urlaub: Nehmen Sie beim ersten und jedem folgenden Schnitt nur die Hälfte der Gräser ab. Vermeiden Sie bitte unbedingt einen Radikalschnitt. Die Gräser werden dadurch geschädigt und anfälliger für negative Einflüsse aller Art.

SEPTEMBER

→ Regelmäßig mähen.
→ Blumenwiesen werden zum zweiten Mal gemäht.
→ Ende September können Sie Zwiebeln von Frühlingsblühern in den Rasen setzen. Es bieten sich Krokusse, Tulpen, Traubenhyazinthen und Narzissen an. Pflanzen Sie diese Blütenpflanzen immer in Gruppen, nie einzeln.
→ Hat sich den Sommer über im Rasenfilz gebildet, sollte er Ende September entfernt werden, indem Sie gründlich vertikutieren und Kahlstellen nachsäen.
→ Bei Moosbefall empfiehlt sich dieselbe Behandlung.
→ Bodenverdichtungen sollten Sie vor Saisonende nochmals zu Leibe rücken, indem Sie aerifizieren.
→ Bei nachlassenden Tageshöchsttemperaturen können Sie nochmals eine Unkrautbekämpfung mit einem Kombinationspräparat aus Rasendünger und Unkrautvernichter durchführen.

Pflege durch das Gartenjahr

OKTOBER
→ Anfang Oktober sollten Sie eine kalibetonte Düngung verabreichen, um die Gräser auf den kommenden Winter vorzubereiten.
→ Solange das Gras wächst, müssen Sie auch noch mähen! Der Rasen sollte die übliche Länge haben, wenn er in den Winter geht. Ein Radikalschnitt schadet ihm, da er den Substanzverlust ab einer bestimmten Temperatur nicht mehr durch Wachstum ausgleichen kann.
→ Herabfallendes Laub muss regelmäßig vom Rasen entfernt werden.

NOVEMBER
→ Eventuell letzter Mähgang mit der üblichen Schnitthöhe. Bleiben die Gräser zu lang, kann sich unter Umständen Schneeschimmel etablieren.
→ Entfernen Sie auch das letzte Laub sorgfältig vom Rasen.

DEZEMBER
→ Lagern Sie Ihre Arbeitsgeräte bis zum Saisonbeginn ein – vorher sollten Sie sie reinigen und die Metallteile ölen. Vor allem die Elektro- und Motorgeräte müssen trocken untergebracht werden.
→ Bei Schnee, Raureif und Frost gilt: Das Betreten der Rasenfläche ist verboten.

Anhang

Bezugsquellen

Nützlingsproduktion und Vertrieb
Bei den Nützlingen, die diese Firmen produzieren und/oder vertreiben, handelt es sich unter anderem um die Gegenspieler folgender Schädlinge: Larven von Dickmaulrüsselkäfern, Raupen der Wurzelbohrer, Engerlinge des Gartenlaubkäfers (Rasen) und andere Wurzeln fressende Insektenlarven.

Auszug aus einer Liste der Biologischen Bundesanstalt für Land- und Forstwirtschaft:

Agrinova, Biologische Präparate
Produktions- und Vertriebs-GmbH
Hauptstr. 13
67283 Obrigheim-Mühlheim
Tel: 06359/96811
Fax: 06359/3214

e-nema GMBH
Klausdorfer Straße 28-36
24223 Raisdorf
Tel: 04307/82950
Fax: 04307/829514

Flora Nützlinge
Wulkower Weg (Gärtnerei)
15518 Hangelsberg
Tel: 033632/59363
Fax: 033632/59364

Katz Biotech Services
Industriestr. 38
73642 Welzheim
Tel: 07182/935373
Fax: 07182/935371

W. Neudorff GmbH KG
Abt. Nutzorganismen
Postfach 1209
31857 Emmerthal
Tel: 0180/5638367
Fax: 05155/624246

ÖRE Bio-Protect GmbH
Neuwührener Weg 26
24223 Raisdorf
Tel: 04307/6981
Fax: 04307/7128

re natur GmbH
Hof Aqua Terra
Am Pfeifenkopf 9
24601 Stolpe
Tel: 04326/98610
Fax: 04326/98611

Sautter und Stepper GmbH
Biologischer Pflanzenschutz
Rosenstr. 19
72119 Ammerbuch
Tel: 07032/957830
Fax: 07032/957850

STB Control
Biologischer Pflanzenschutz
Triebweg 2
65326 Aarbergen
Tel: 06120/900870
Fax: 06120/900871

Hatto Welte
Gartenbau
Mauershorn 10
78479 Insel Reichenau
Tel: 07534/7190
Fax: 07534/1458

Wilhelm
Biologischer Pflanzenschutz
GmbH
Neue Heimat 25
74343 Sachsenheim
Tel: 07046/2386
Fax: 07046/12198

Pflanzenstärkungsmittel
WUXAL® AMINO PLANT
und WUXAL® Ascofol
Aglukon Spezialdünger
GmbH & Co. KG
Heerdter Landstr. 199
40549 Düsseldorf

Inhibiter
Wolf Garten GmbH & Co. KG
Industriestraße
57518 Betzdorf
Tel: 02741/2810
Fax: 02741/281255

MRE A-plus
DIE GRÜNE APOTHEKE
GmbH
Wilhelmsthal 4
34379 Calden

FZB 24® Bacillus subtilis
FZB Biotechnik GmbH
Glienicker Weg 185
12489 Berlin

Bezugsquellen

Untersuchungen von Rasenproben auf tierische und pflanzliche Schaderreger
Solche Untersuchungen werden von allen lokalen Pflanzenschutzämtern der einzelnen Bundesländer durchgeführt. Folgende private Institute führen ebenfalls Untersuchungen von Rasenproben durch:

Wolf-Garten GmbH & Co. KG
EUROGREEN
An der Haselmauer 3
56472 Nistera
Tel: 02661/95650

Optimax Saatenvertriebs GmbH & Co. KG
Schillerstr. 11
72144 Dußlingen
Tel. 07072/6250

JULIWA-HESA GmbH
Mittelgewannweg 13
69123 Heidelberg
Tel: 06221/82660

Untersuchung von Bodenproben hinsichtlich Schadstoffen oder ihrer Nährstoffzusammensetzung
Scotts Deutschland GmbH
Velhauser Str. 197
48527 Nordhorn
Tel. 0592/38066

Wolf-Garten GmbH & Co. KG
EUROGREEN
An der Haselmauer 3
56472 Nistera
Tel. 02661/95650

Anbieter von Fertigrasen
Horst Schwab GmbH
Brunnerstr. 2
85051 Ingolstadt
Tel: 08450/8001

Horstmann Rasen
Im Sieringhoek 4
48455 Bad Bentheim
Tel: 05922/98880

Büchner
Akazienweg 5
64665 Alsbach-Hähnlein
Tel: 06257/2814

Strodthoff und Behrens
Annen 3
27243 Groß Ippener
Tel: 04224/92140

Patras Pattensener Rasenschule
30982 Pattensen
Lüderser Weg 35
Tel: 05101/915351

Optimax SaatenvertriebsGmbH
Schillerstr. 11
72144 Dußlingen
Tel: 07072/6250

Hersteller von Rasenmähern, Vertikutierern und Aerifizierern
Rasenmäher
Bosch: Elektrosichelmäher, Luftkissenmäher, Elektrospindelmäher, Handmäher
Hanseatic: Elektromäher, Benzinmäher
Wolf-Garten: Benzinmäher, Elektromäher
Gardena: Elektromäher, Benzinmäher, Mulchmäher (Benzin)

Vertikutierer:
Bosch Moosrupfer
Einhell Elektrovertikutierer
Wolf-Garten Elektrovertikutierer
FloraSelf Elektrovertikutierer
Murray Benzinvertikutierer

Aerifizierer:
Wolf-Garten Elektrolüfter
Einhell Elektrolüfter

Vergrämung von Wühlmäusen und Maulwürfen
Anti-Bissan der Fa. Beckhorn hält die Tiere durch den künstlichen Geruch eines Fraßfeindes fern.
Maulwurf-frei (Fa. Scotts Celaflor): mit einem Duftstoff getränkte Zellulosekugeln werden in die Gänge eingebracht und sollen den Maulwurf daraus vertreiben.
Wühlmaus-Gas-Arrex (Fa. Scotts Celaflor) vertreibt die Tiere aus ihren Gängen; nicht bienengefährlich

Weitere Produkte zur Mäusebekämpfung (Auswahl)
Celaflor Mäuse-Giftweizen
Celaflor Wühlmausköder Arrex
Compo Ratten- und Mäuseköder Urania Ratten- und Mäuseköder Cumatan
Urania Ratten- und Mäuse-Riegel Cumatan

Anhang

Bildquellen

agrarfoto.com Seite 101 li.
GBA/GPL Seite 21, 53, 58, 69, 74, 105.
GBA/Wothe Seite 99 re.
Lung, Christa und Gerhard Seite 71, 76, 77, 79 o., 79 u., 81, 83, 85, 95.
Redeleit, Wolfgang Einklinker Umschlagvorderseite, Umschlagrückseite (Einklinker li. u. M.),
Seite 7 o., 7 u., 9, 11 re., 12, 15, 17 (Einklinker), 29 o. re., 29 li., 29 u. re., 31 o., 31 u., 40, 43, 45 o., 45 u., 50, 51 o., 51 M., 51 u., 54, 55, 57, 63, 66 li., 66 re., 67 u., 68, 90, 96 o., 96 M., 96 u., 99 li., 103 o., 103 u., 107, 119.
Reinhard, Hans Umschlagrückseite (Einklinker re.), Seite 2/3, 10, 11 li., 13, 16, 17, 19 li., 19 re. , 24, 38, 67 o., 86/87, 89, 101 re., 102 li.,102 re.
Reinhard, Nils Seite 33, Seite 35.
Schäfer, Bernd Seite 44, 61, 84, 106.
Strauß, Friedrich Umschlagvorderseite, Seite 23 li., 36, 100.
Wolf-Garten Seite 92, 93.

Bibliografische Information der Deutschen Nationalbibliothek

Die Deutsche Nationalbibliothek verzeichnet diese Publikation in der Deutschen Nationalbibliografie; detaillierte bibliografische Daten sind im Internet über http://dnb.d-nb.de abrufbar.

ISBN 978-3-8001-5453-1

Das Werk einschließlich aller seiner Teile ist urheberrechtlich geschützt. Jede Verwertung außerhalb der engen Grenzen des Urheberrechtsgesetzes ist ohne Zustimmung des Verlages unzulässig und strafbar. Das gilt insbesondere für Vervielfältigungen, Übersetzungen, Mikroverfilmungen und die Einspeicherung und Verarbeitung in elektronischen Systemen.

© 2005, 2007
Eugen Ulmer KG
Wollgrasweg 41, 70599
Stuttgart (Hohenheim)
Internet: www.ulmer.de
Lektorat: Karin Wachsmuth, Katharina Meyer
Satz: Typomedia GmbH, Ostfildern
Herstellung: Silke Reuter
Druck und Bindung: Firmengruppe APPL, aprinta druck, Wemding
Printed in Germany

Register

Aerifizieren 40, 67ff., 75, 77, 81, 85, 93, 94, 97, 118 f
Algen 55, 65, 67, 91ff.
– bekämpfung 65, 94
– vorbeugung 93f.
Ameisen 89ff.
Antagonisten 27f., 109
Artenzusammensetzung 41
Auflauferkrankungen 27
Aufsitzmäher 49
Aussaat 21ff., 28ff., 98, 105
– menge 24, 26f.
– termin 21, 109
Außenbeleuchtung 13
Ausläufer 41, 100, 101

Bakterien 27f.
Balkenmäher 45
Bäume 5, 45f., 53, 73, 95, 97, 118
Beregnungsanlagen 55ff.
Besanden 68, 75, 86, 93, 94
Bewässern 34, 39, 51ff., 66, 82, 84, 94, 97, 109, 119
Bienenschutz 113
Biologische Aktivität 16, 61
Blattflecken 78
Blumenbeete 10, 53, 119
Blumenwiese 8, 36ff., 41, 45, 48, 119
– Anlage 36
– Aussaat 36
Boden 6ff.
– analyse 8, 60
– belüftung 66, 67ff., 82, 86, 97
– eigenschaften 8f.
– erosion 8, 12
– lockerung 14, 40, 94
– organismen 19, 27, 73
– temperatur 21, 34
– verbesserung 16

– verdichtung 14, 30, 78, 80, 93, 95, 118f.
Bodenverbesserungsmittel 18
Breit-Wegerich 100

Disteln 100, 106
Dollarfleck 77
Düngen 37, 39, 59ff., 81f., 94f., 97, 100, 106, 109, 118
Düngeplan 64
Düngerbedarf 60

Echter Mehltau 81
Efeu 6, 25
Ehrenpreis 100, 106
Eisen-II-Phosphat 65, 96
Elektrorasenmäher 46
Elektrovertikutierer 67

Fadenwürmer (Nematoden) 84
Fertigrasen 8, 32ff.
– lagern 34
– verlegen 32f.
Filzschicht 65, 68, 70, 73, 75ff., 80, 81, 93, 94, 119
Flächenaufteilung 10
Flächenvorbereitung 13ff., 33
Fremdgräser 22, 61
Frühjahrsblüher 38, 44, 118
Funktionsflächen 13, 37
Futtergräser 22

Gänseblümchen 99, 106
Gartenlaubkäfer 84
Gartenwege 11
Gartenschlauch 55
Gebrauchsrasen 24, 64
Gefälle 6
Gemeine Quecke 101
Gemüsebeet 10

Geräte zur Rasenpflege 50f.
Gewässerschutz 113
Grabegabel 68
Gründüngung 14

Hanglage 6, 12, 37, 46, 48, 52
Hausrasen 44, 48, 49, 63, 64
Herbizide 104, 106
– Beispielpräparate 115
Hexenringe 77
Hornklee 100
Horstbildung 23, 26, 32, 38, 42, 99

Insektenlarven 82ff.
Insektizide 83

Junikäfer 85

Kalium 10, 61, 62, 75, 76, 77, 78, 80, 82, 120
Kalk 9, 75, 95
Keimfähigkeit 30, 32
Keimung 21, 27, 30, 37, 80, 109
Kombinationsdünger 63
Kompost 16f., 20
Kräuter, einjährig 37, 38, 60, 98
Kreiselregner 56
Kriechender Hahnenfuß 14, 100, 106
Kultivator 19
Kurzzeitdünger 63

Langzeitdünger 62, 79
Licht 5, 78, 81, 92
Lichtkeimer 30
Löwenzahn 99, 106
Lupinen 14

Magerboden, -rasen 37, 78, 95, 98

125

Register

Magnesium 10, 62
Mähen 36, 41, 59, 71, 99, 109, 118f.
– Faustregeln 42
Mähertypen
Mähsaison 42, 44
Maikäfer 84
Massenverlust 32, 38, 41, 59, 61, 73, 98, 120
Maulwurf 86
Mäuse 88f.
Mehrfachdünger 63
Mikroorganismen 16, 18, 20, 90, 93
Moos 25, 42, 65, 66, 67, 70, 95ff.
– Bekämpfung 97ff.
Moosrasen 97
Motorfräse 14
Motorrasenmäher 47, 118
Motorvertikutierer 67
Mulch 42, 73
Mulchmäher 47

Nachsaat 23, 40, 52, 69, 73, 80, 93f., 97, 104
Nährstoffe 9, 38f., 41, 49, 59, 61, 82
Nassbeize 27
Neuanlage 5, 10, 16, 31, 37, 70, 89, 105
Neuansaat 39, 52, 61, 70, 73, 76, 80, 104

Ölrettich 14

Pflanzen, mehrjährig 37f.
Pflanzenschutz 108ff.
– Behandlungszeitpunkt 114
– Chemischer Pflanzenschutz 110ff.
– Integrierter Pflanzenschutz 108f.
– Sicherheitshinweise 88, 91, 110ff.
– Pflanzenstärkungsmittel 91,116f.
Pflegehinweise, allgemein 69
Pflegeplan 118ff.
Phosphat 10, 62

Photosynthese 4, 6, 91
ph-Wert 8, 17, 75, 80f., 91, 95
Pilzerkrankungen 27, 30, 45, 69, 70ff., 112
– Ausbreitung 70f.
– befallsfördernde Faktoren 72
– jahreszeitliches Auftreten 75
– Krankheitssymptome 72
– Pflegemaßnahmen und Prophylaxe 81
Planieren 19ff.
Pythiumfäule 73, 79

Rasendünger 62
Rasengräser 23
Rasensoden 32f., 39, 106, 107
Rasenmäher 44ff., 48f., 118
Regel-Saatgut-Mischungen 22f., 81,104, 109
Regenerations-Mischungen 26, 97, 118
Regenwürmer 85
Resistenz 112
Rindenhumus 17, 20
Rollrasen 8, 32ff.
Rotspitzigkeit 76
Rostkrankheiten 79

Saat, schlafend 21
Saatgut 21ff., 30, 94
– lagerung 31
– maschine 28
Sand 17
Sandboden 53
Sauerklee 99
Schadstellen 106
Schatten 5, 25, 69, 94, 97
– bepflanzung 7, 25
– lage 39, 70, 72f.,80, 93, 95, 118
– rasen 5, 25, 33, 73
Schmetterlingslarven 85
Schlauchregner 56
Schneeschimmel 69, 73, 74f
Schnitthöhe 32, 36, 44, 46, 94, 97
Schwarzbeinigkeit 80
Sense 45

Sichelmäher 46
Sodenprobe 55
Spaten 40, 102f.
Spielplatz 12, 89
Spielwiese 37
Spindelmäher 45f.
Sportrasen 26, 33, 41, 48, 55, 83
Spurenelemente 62f.
Standort 5, 60, 91, 95, 97f.
Starterdüngung 32, 60
Staunässe 18, 20, 39, 65, 67, 70, 73, 79ff., 94f., 97,118
Stickstoff 10, 61f., 76ff., 80, 82
Streuwagen 29, 65
Sträucher 5f., 13, 45f., 73, 95, 97, 119
Sonneneinstrahlung 5, 39
Stromversorgung 13, 46

Teiche 11, 93
Tierische Schädlinge 82ff.
Torf 16, 19
Totalherbizide 105, 115
Typhula-Fäule 76

Unebenheiten 20, 39, 67, 86
Unkräuter 66, 69, 98ff.
– Mechanische Bekämpfung 99ff., 102ff., 118
– Chemische Bekämpfung 100, 104ff., 118

Versenkregner 56f.
Vertikutieren 65ff., 75ff., 81f., 85, 93f., 96f., 102, 104, 118f.
Viereckregner 56
Vogel-Sternmiere 102

Walzen 20, 30, 34
Wasseranschluss 12, 55
Weide 41
Weiß-Klee 101, 106
Wiesengräser 37
Wurzelwachstum 27, 34, 62, 66

Zierrasen 24, 26, 33, 55, 64, 118